METAMORFESI

Joans
Y,
Maini
Beudveines !
keyc Yoor.

كتبت
٢ المرادة
نوشته‌ام
المرادة دى‌نورى
احمد خان ولد محمد
جهانزاد محمد.

METAMORFESI

El Arte de la Sanación Interior

Hugo Isaac

Número de Control de la Biblioteca del Congreso de EE. UU.:   2014911352
ISBN: Tapa Dura   978-1-4633-8735-8
                   Tapa Blanda   978-1-4633-8734-1
                   Libro Electrónico   978-1-4633-8733-4

Este libro fue impreso en los Estados Unidos de América.

Fecha de revisión: 21/07/2014

Para realizar pedidos de este libro, contacte con:
Palibrio LLC
1663 Liberty Drive
Suite 200
Bloomington, IN 47403
Gratis desde EE. UU. al 877.407.5847
Gratis desde México al 01.800.288.2243
Gratis desde España al 900.866.949
Desde otro país al +1.812.671.9757
Fax: 01.812.355.1576
ventas@palibrio.com
641599

ÍNDICE

Una Metamorfosis del Alma a través del Amor

de

Cristo

Hugo Isaac Alvarado López nació en México. Es Actor, Orador y Misionero de Cristo. Da conferencias de Superación Personal y Sanación Interior. Es Director del Ministerio **Con Mucha Fe** (Artistas Unidos en Cristo) que se dedica a la evangelización familiar. Es el Creador del método de liberación emocional llamado **Metamorfesi.** Un sistema de actividades artísticas que nos ayuda a conocer nuestro interior; nos ayuda a descubrir sentimientos, creencias y programaciones que condicionan de manera negativa nuestra personalidad, provocando nuestro sufrimiento. Este método alternativo nos da herramientas para poder eliminarlos y de esta manera, mejorar nuestras vidas. Hugo Isaac se dedica a ayudar a las personas por medio de sus pláticas, conferencias, talleres, dinámicas y escritos, motivándolos a vivir en paz y en armonía. Hugo Isaac comparte sus experiencias y sus dinámicas a todos los ministerios, empresas e institutos particulares.

A mi madre y a mi padre. Por haber llevado acabo el milagro de mi vida. Los amo.

Agradezco a Cristo, Nuestro Señor, por todas las bendiciones que me da. El es mi guía y mi luz en mi camino misionero.

Agradezco a mi querida esposa Glenda, por todo su apoyo para llevar a su realización este proyecto. Te amo.

Agradezco a mis amados hijos Khristo y Zhenya por su presencia en esta misión de amor y vida. Ellos me alimentan con sus detalles, alegrías e inocencias. Son una diversión y regocijo para mi alma. Los amo.

Agradezco a todos mis hermanos y hermanas en Cristo que me han compartido su amistad, su corazón, su abrigo, su techo, su alimento, sus experiencias y sus oraciones. En verdad que he encontrado en cada uno de ellos el amor de Dios.

Agradezco al Reverendo Jorge Román del Real por darme su apoyo durante 22 años de amistad. Su guía espiritual ha sido muy importante en mi vida misionera.

Gracias por su apoyo también a:

Rev. Darío Miranda
Rev. Dean Mc Falls
Rev. Filiberto Barrera
Ernesto Vega
Gladys Alvarado
Alma Placencia
Claudia Marin
Karina Placencia
Iris Miranda
Maribel Arriaga
Paulina Alvarado
Natasha Toscano
Citlaly Alvarado
Elba Alvarado
David Fabela
Susana Gonzalez
Fernando Cavazos
Hector Alvarado
María Aguilar
Miriam Oliva
Ana Ibarra
Velia Figueroa

A todos los que no están en esta lista pero están en mi corazón. A mis maestros y guías espirituales, gracias por compartir sus conocimientos conmigo. ¡Dios es grande!

"Y recuerden hermanos que nunca estarán solos.
Escuchen en su silencio la voz de Dios y caminen sobre
la inmensidad de nuestro mar. Yo los guiaré a Él"
                                                    -Un Pescador.

INTRODUCCIÓN

De la Oscuridad a la Luz

"Si piensas que tu vida no tiene sentido; si piensas que el amor no existe, cierra tus ojos y quédate en silencio; busca en la oscuridad. En algún rincón de ti, hay una luz que sigue viva. Esa luz es eterna y viene del amor de Dios. Envuélvete de esa luz y todo volverá a ser como el principio."

Hugo Isaac

Hace tiempo atrás, mi vida experimentó una gran transformación. Cuando pensé que el mundo me ofrecía lo que yo obsesivamente anhelaba - triunfar como actor de telenovelas en México - vino una estrepitosa caída que por poco me deja sin vida. El talento de la actuación que Dios me regaló, fue enfrentado ante las fuerzas oscuras de la corrupción, la prostitución, la vanidad y miseria espiritual que habitan en el medio del espectáculo. Cuando pensé que mi carrera escalaría el éxito interpretando personajes estelares en las telenovelas, me encontré con seres oscuros que me ofrecían triunfar a cambio de humillaciones y bajezas (entregar mi cuerpo a las perversiones de un productor para de este modo alcanzar la fama, no estaba en mis planes). Y al negarme ha ser un esclavo sexual de esas personas borrachas de poder, tuve que sufrir las consecuencias de ser relegado y rechazado de las producciones. Eso provocó en mi una ira y una frustración muy grande que alteró mis sentidos, amargo mi vida y sepultó mis sueños de gran actor de telenovelas. Los meses que siguieron aumentaron mi depresión y poco a poco fui buscando refugio en las drogas y en el alcohol. En mi mente surgían frases negativas cómo "la vida no vale nada," "me quiero morir," "no sirvo para nada." Y al mismo tiempo aparecieron personas oscuras y negativas que se acercaban a mi vida para ofrecerme todo tipo de sustancias destructivas (en ese entonces estaba muy lejos de imaginar que esos personajes oscuros aparecieron por que yo los había pedido).

Lentamente me fui consumiendo hasta volverme una basura existencial. Buscaba la manera de destruirme y de quitarme la vida. Era un barco a la deriva, sin timón y sin fuerzas para luchar. Me quería borrar del mapa de la vida; me quería suicidar pero no encontraba la manera adecuada. A veces me imaginaba cortándome las venas en medio de una plaza para que todo mundo presenciaría el acto final de una víctima de la sociedad corrupta. Y de esa manera recuperar un poco de dignidad. Pero no fue así.

Una noche tuve que ser internado de emergencia debido a la alta intoxicación de sustancias químicas y alcohólicas que había ingerido. Estuve en estado de coma por tres días. Después de regresar de la muerte fui trasladado a un centro de rehabilitación cerca de la ciudad de México (un lugar para drogadictos, alcohólicos y suicidas). Mi rehabilitación fue un infierno. En un cuarto vacío (sólo había un catre, una cobija) y mi cuerpo se desgarraba de dolor. Hubo momentos en que llegué a pensar que estaba muerto y que estaba en el infierno quemándome en vida.

Ahí, en ese frío lugar, viví muchas noches llenas de alucinaciones espantosas y delirios interminables. Estaba en la hora cero de mi vida; no había tregua para descansar o siquiera dormir, estaba en caída libre hacia un abismo que no llegaba a su final. Pero ahí, en esa espantosa realidad, me encontré con una luz que transformaría mi existencia.

Una madrugada, en ese cuarto que parecía una cárcel, en medio de tanto vacío y de tanta oscuridad, sentí una luz que se infiltraba por debajo de mi puerta. Mis ojos apenas podían abrirse pero notaba que ese hilo de luz se acercaba a mi cama. Enseguida escuche una voz suave que me decía, "Levántate Lázaro, levántate" Y yo le contesté, "yo no me llamo Lázaro me llamo Hugo Isaac." Entonces escuché la voz una vez más que me preguntaba, "¿Tú me amas?" Al no contestar la voz volvió a preguntar "¿Tú me amas?" Giré mi cabeza hacia donde venía la voz y sentí un dolor tremendo en mi cuello. Al fin cuando me di la vuelta, pude observar bien esa luz. Era una luz que dibujaba un rostro en su interior. Un rostro que no podía describir pero si sentir. Era un rostro que me recordaba la imagen de Jesús. Entonces la voz una vez más me preguntó: "¿Tu me amas?" Y lo único que me nació contestar fue "¡No, no te amo!" "Y no sólo eso," acto seguido grité con mucha rabia, "¡Te odio!"

Al instante de expresar mi odio a Dios, sentí un dolor punzante en mi abdomen que hizo que cayera de la cama y me revolcara en el suelo. Me puse en posición fetal lanzando gritos de dolor y miedo. Me di cuenta que había un niño aterrorizado que estaba dentro de mi. Al cerrar mis ojos sentí una mano que tocaba mi cabeza acariciándola. Mi mente empezó a viajar por un túnel oscuro en donde surgían imágenes y recuerdos de mi niñez (experiencias que habían quedado olvidadas). Mi mente se detuvo en un recuerdo muy importante de mi vida. Era el entierro de mi padre. Yo tenía 16 años cuando murió mi progenitor a causa de una enfermedad en el hígado llamada cirrosis alcohólica. Recordaba como al momento que descendía el ataúd con les restos de mi padre, yo me tragaba la tierra y le gritaba a Dios, ¿¡por qué te lo llevaste ahora que más lo necesitaba!? Todas las imágenes de ese entierro llenaron mi celda. Era el recuerdo más doloroso de mi juventud y este llegaba a mi como ráfagas de fuego que quemaban todo mi cuerpo. Había un reclamo a Dios porque yo necesitaba el apoyo de mi padre y al parecer muy pocas veces lo tuve. Pocos recuerdos tengo de mi padre cuando yo era niño. Mi papá nos dejó en la ciudad de México cuando yo era pequeño para irse a trabajar a la frontera con Estados Unidos. Sólo aparecía en casa durante las fiestas de Navidad y Año Nuevo. Pocos fueron los momentos de amor y de cariño. Más fueron los gritos por teléfono cuando me regañaba por no tener buenas calificaciones en la escuela o por portarme mal. Hubo golpes físicos de él hacia mi que marcaron mi vida emocionalmente. Pero aún así, era mi padre, lo amaba y lo necesitaba. Mi padre se fue sin dejarme nada y mi odio a Dios surgía dentro de mi. Mientras yo recordaba esta dolorosa experiencia y lloraba profundamente, sentí que alguien me abrazaba. Ese abrazo era de mi padre. Era él quien me abrigaba. Ese abrazo me llevó a un lindo recuerdo de cuando papá me cargaba en sus brazos y me levantaba al cielo sonriéndome. No se de donde surgió ese recuerdo pero estaba ahí reviviéndolo. Nunca antes había sentido tanto calor lleno de amor y ternura. Mi padre con ese abrazo no sólo se despedía de mi, (ya que yo nunca tuve la posibilidad de despedirme, mi madre no permitió que fuéramos a despedirnos de él cuando estaba en el hospital) sino que también de una manera u otra él me pedía perdón. Yo sentía su tristeza y su necesidad de que yo lo perdonara. Lo perdoné, pero ese, "¡si te perdono papá!" fue muy intenso y doloroso. Fue como si me desprendiera de un cadáver que estaba enterrado en mi cuerpo pudriéndose en mi interior. Mientras que lo sentía más lloraba mi ser. Salió de mi boca un "si te perdono" pero al mismo tiempo una tristeza de que todo tuviera que haber sido así. Yo suplicaba con un ¿por qué? ¿ por qué tuvo que pasar así? Poco a poco empecé a sentir un gran alivio; deje de llorar encontrando paz en mi interior. Pasaron unos minutos llenos de silencio y cuando mis ojos se abrieron, vi que la luz que reflejaba el rostro de Cristo se alejaba de mi habitación y fue entonces que le pedí que no se fuera. Recordando cuando mi madre me llevaba a la iglesia y me hacia repetir sus palabras, le dije a Jesús, "Señor, yo no soy digno de que vengas a mi pero una palabra tuya bastará para sanar mi alma."

De inmediato escuché su voz que decía, "Yo te amo, ven conmigo" Y al escuchar estas palabras mi cuarto se iluminó en su totalidad como si el sol se hubiera adueñado de mi celda y sentí gozo en mi corazón. Fue un momento de resurrección, un momento de esperanza, ¡el encuentro de un nuevo Lázaro con el Señor de la vida eterna!

Tiempos difíciles en mi rehabilitación continuaron después de ese encuentro con Dios. Pero mi mente y mi espíritu habían renacido. Todo en mi se fue restaurando en salud y con amor. Jesús me arrancó de la oscuridad y ahora vivo llevando su mensaje y proclamando su Evangelio.

Hoy más que nunca, mi cuerpo, mi mente y mi espíritu conforman un Ministerio que es usado por Dios para llevar su mensaje. No cabe duda que la vida es un proyecto muy grande cuando se tiene a Dios como guía. La vida a lado de Él se vuelve abundante y llena de bendiciones. Los proyectos se multiplican cuando te conviertes en instrumento de Dios. Cuando decides vivir para servir, el tiempo y el espacio dejan de ser protagonistas; la experiencia humana se amplifica y tu existencia se mueve en otros niveles de realidad. El ser misionero me provoca una alegría y un entusiasmo muy grande por ayudar y ser parte de los grandes cambios y transformaciones que la humanidad realiza en nombre del amor.

Ser misionero de Cristo me ha dado la oportunidad de encontrarme con Dios, saber que existe y que su Gracia es infinita. Dios me pone aquí a lado tuyo como me ha puesto en muchos lugares a lado de personas necesitadas de Él. Porque sí de algo estoy seguro, es de que toda creación ha sido hecha por el amor que proviene de Dios Padre Todopoderoso. Es mi turno en este escrito, pasar la antorcha de la luz y de consciencia a tus sentidos para que de esta manera nos sigamos uniendo en su presencia.

Lo que quiero, por medio de este escrito, es ayudarte a mejorar tu existencia. Es una invitación que te hago para que des lo mejor de ti en esta vida. Pero para lograr ese objetivo necesito llevarte a explorar tu oscuridad para que te conozcas mejor y puedas hacer grandes transformaciones en tu vida. Todo lo que sucede en tu interior, sucede en el mundo. Somos un micro-mundo dentro de un macro-mundo. Es el momento para que explores y descubras lo más oculto de ti y logres llevarlo hacia la luz. Mereces lo mejor de esta vida. Y si este escrito te puede ayudar a ser feliz, habrá bendiciones no sólo para ti sino también para tu familia y para el mundo entero. Te comparto mis letras y mi ser como parte de esté reciclaje de dar y recibir, de enseñar y aprender, de amar y ser amado, de ser luz y dar luz. Amén

CAPÍTULO 1

Sanación Interior a través del Arte.

"El arte es camino para llegar a Dios"
"El arte es capaz de expresar y hacer visible la necesidad del hombre de ir más allá de lo que se ve, manifiesta la sed y la búsqueda de lo infinito. Incluso es como una puerta abierta hacia el infinito, hacia una belleza y una verdad que van más allá de lo cotidiano. Y una obra de arte puede abrir los ojos de la mente y del corazón, empujándonos hacia lo alto."
- Papa Benedicto XVI

Hoy en día para poder sanar se requiere de mucha creatividad. Se necesitan actividades, dinámicas que puedan ofrecer una mayor entendimiento de nuestros padecimientos y que nos den herramientas para expresar y liberar nuestro interior. El estudio de la actuación me llevó a practicar todo tipo de actividad artística (danza, gimnasia, expresión corporal, escritura, poesía, dramaturgia, música, pintura, canto, escultura, oratoria, pantomima, etc). Las cuales me ayudaron para expresar mis emociones. Toda disciplina artística puesta al servicio de Dios es un recurso maravilloso para la Sanación Interior. Te brinda la posibilidad de comunicarte con Él de diferentes maneras y crecer espiritualmente conociendo tu interior. Parte de mi sanación se la debo al arte, y es por eso que hoy en día me especializo en la **SANACIÓN INTERIOR**. Por medio de ejercicios de actuación, ayudo a las personas a identificar su problema emocional y de manera creativa lo ayudo a confrontarlo y transformarlo en algo positivo. Con estas actividades artísticas las personas van descubriendo sus riquezas espirituales.

El Arte es un Camino para llegar a Dios

El Arte no sólo enaltece la Creación de Dios, también sensibiliza el alma abriendo las puertas del corazón para que el Espíritu de Dios se manifieste en nuestro interior y lleve acabo el proceso curativo.

La práctica en el arte inspira y envuelve a los niños y adultos llevándolos a un nivel de mayor calidad humana y afectiva. El arte promueve los valores humanos y sociales ofreciendo al practicante una base emocional para entender su cultura y su identidad.

Tenemos que hacer énfasis en el arte ya que el nos puede llevar a explorar nuestros sentimientos más profundos, aquellos que habitan en el inconsciente, en donde las enfermedades se esconden. El arte es la expresión del alma; es la ventana por donde se asoman nuestras emociones buscando a Dios.

Una actividad artística nos puede llevar a encontrar el origen de un padecimiento. Una enfermedad es una información emocional oculta que afecta al cuerpo. Es un nudo lleno de negatividad que se ha concentrado y no liberado. Detrás de cada enfermedad hay una verdad que habita en la oscuridad, y que ha sido reprimida debido a las culpas, los resentimientos, auto-castigos, condenas y todo tipo de negatividad que hace que la autoestima se debilite y por lo tanto se enferme la existencia.

A través del Arte las personas pueden encontrarse con su ser espiritual; pueden escucharse, verse y sentirse. El Arte provoca y estimula la Observación, la Contemplación, la Meditación, la Comprensión, la Paz, el Amor y la Armonía; pero sobre todo, el arte es un puente, donde tu alma cruza hacia el otro lado encontrándose con Dios.

El arte cuando se enfoca en Dios se convierte en instrumento de sanación. Lo oculto emerge de su oscuridad y a través de la imaginación los sentimientos se expresan y se purifican ante la presencia divina.

El arte es sanación como la sanación es un arte. Es el juego de los niños volando con su imaginación y con sus emociones hacia un rincón divino donde no hay lugar para el odio, la envidia, la culpa y el dolor. El arte es amor; es la buena obra que Dios promueve para que su verdad no quede oculta y sea enaltecida.

**"El que hace la verdad va a la luz, para que vea
que sus obras han sido hechas en Dios."**

(JUAN 3,21)

CAPÍTULO 2

META+AMOR+FE+SI

"Por eso les enseño algo misterioso: aunque no todos muramos, todos tendremos que ser transformados cuando suene la última trompeta."
(1 CORINTIOS 15,51)

Cuando vives en el amor de Dios tu vida adquiere una misión, un propósito. Esa misión es manifestar el amor que se te ha dado desde el primer latido de tu corazón. Esa misión amorosa tiene que plasmarse en tus actividades diarias. Eres misionero y como tal debes ser parte de movimientos que ayuden a crear en vez de destruir. Proyectos que ayuden a otros a vivir en armonía siguiendo el plan divino. Tu misión es construir el Reino de Dios aquí, ahora y siempre. Tu misión tiene una META que es lograr abrir la puerta del alma para que te des cuenta de que eres lo que siempre has sido: un espíritu libre, infinito e ilimitado. Que puedas reconocer a Dios en tu interior y que tus propósitos en esta vida vayan sincronizados en el AMOR.

El amor es tu única realidad ya que somos imagen y semejanza de Dios, y Dios es Amor. Nuestra divinidad se manifiesta cuando nuestras acciones se basan en el amor de Dios y son llevadas acabo con una FE fuerte y poderosa.

Para alcanzar la META primero hay que practicar el AMOR (META+AMOR) y fortalecer nuestro amor con la FE (META+AMOR+FE) estableciendo en nuestra mente un SI, que afirme nuestra mente para que plasme en acciones nuestra nueva transformación: META+AMOR+FE+SI = **METAMORFESI.**

METAMORFESI se basa en la palabra METAMORFOSIS. Esta es una transformación espiritual a través del amor y de la fe. Es una propuesta para alcanzar nuestra META espiritual liberando primero el AMOR que hay en nuestro interior y fortaleciendo nuestra FE creando una forma de vida personal llena de afirmaciones y acciones positivas en nuestro SI.

META --- Liberación y Sanación;
AMOR --- Esencia y Realización Divina;
FE -------- Fortaleza Mental y Espiritual; contacto permanente con lo Divino que está oculto.
SI -------- Convicción, Compromiso, Actitud y Acciones positivas. Ser como Cristo.

Vivir una **Metamorfesi** es vivir transformados diariamente en el amor de Dios. Es dejar a un lado todo lo que nos aleja de la luz divina y encontrarnos con Dios en la oscuridad y así, transformarnos en seres de luz.

Antes de transformarnos necesitamos observar lo que pasa a nuestro alrededor. Es importante estar conscientes.

Sociedad vs. Amor

En el mundo, la lucha entre el bien y el mal continua. Los medios de comunicación han sido el instrumento más poderoso para contaminar a la humanidad y llevarla a su aniquilamiento. La violencia y la negatividad son los temas más atractivos para enajenar a las audiencias y manipularlas para que sigan consumiendo bienes materiales. Estamos dentro de un sistema materialista que captura seguidores los cuales se van convirtiendo en seres dependientes de esas propuestas enfermas y destructivas.

Vivimos momentos apocalípticos donde las tinieblas cubren la faz de la tierra y la llegada de un juicio final parece eminente.

Ser feliz en estos tiempos, es un reto tan grande cómo el de un gladiador en un circo romano tratando de sobrevivir en la arena enfrentando a los leones. Más que buscar la felicidad, tratamos de sobrevivir en medio de una sociedad hambrienta de negatividad que lo que más le interesa es la agresión, el consumo, las guerras, las drogas, el escape. Duro es despertar cada mañana para buscar lo mejor para ti y para tus hijos en medio de tanta inseguridad y violencia social. La lucha es constante y se requiere de mucho esfuerzo y valor para no caer vencido por la negatividad. Se requieren transformaciones internas, cambios profundos que renueven y fortalezcan la existencia. Y esta transformación sólo lo puede lograr el amor.

La oscuridad en la que vivimos es grande pero la luz sigue ahí a pesar de las tinieblas. La luz no muere, la luz es el amor eterno del cual venimos. Esa luz nos alimenta y nos da fuerza para alcanzar la felicidad. Tenemos que estar conscientes de que todo lo que nos rodea tiene un propósito que es la manifestación de nuestro amor. La práctica del amor real y verdadero nos unirá a todos con el Creador y lograremos proclamar el Reino de Dios en este mundo. Para ello tenemos que aventurarnos cada día en descubrir nuestros potenciales, nuestra riqueza espiritual y llevar acabo una vida llena de felicidad. ¿Y qué es la felicidad? La felicidad es estar en armonía con Dios.

Dios es nuestra naturaleza, nuestra verdad. Esa verdad esta inscrita en la más pequeña célula de nuestro ser. En esa célula que contiene millones de códigos que hacen posible la existencia se encuentra Dios, se encuentra el amor.

CAPÍTULO 3

Transforma tu Vida

"Será cosa de un instante, de un abrir y cerrar de ojos. Al toque de la trompeta los muertos resucitarán como seres inmortales, y nosotros también seremos transformados."
(1 CORINTIOS 15,52)

Para lograr transformar tu vida de manera positiva se requiere trabajar internamente para mejorar la AUTOESTIMA.

La autoestima es un conjunto de percepciones, pensamientos, evaluaciones, sentimientos dirigidos a nuestra persona, hacia nuestra manera de ser y de comportarnos, hacia lo que representa nuestra identidad, nuestra existencia. Es la evaluación que haces de tu vida por medio de la percepción que realizas. La autoestima maneja los controles de las emociones que circulan en tu interior. Dependiendo de la autoestima una persona puede llegar a tener éxito o fracaso en la vida. El amor es la fuerza positiva que alimenta tu autoestima. Es el río de agua viva que corre en tus venas, en tus órganos y en tu mente. Cuando bajas tu autoestima, lo que haces es bloquear ese río de agua viva con pensamientos y creencias negativas. Tu río, proviene del océano inmenso e ilimitado de Dios. Si bloqueas ese río con resentimientos, con paredes de negatividad y pensamientos egoístas cargados de miedo, estarás cerrando la puerta que conduce al Reino de Dios. El ciclo del agua es el mismo que ocurre en el ciclo de nuestra vida. Nacemos en agua, nos desprendemos del agua, nos alimentamos del agua y nos vertemos para regresar a nuestro origen. Somos el río y Dios es el océano. Nuestro amor debe correr como agua pura hacia Él, y para ello es necesario que día tras día te motives para que esa agua no se estanque y corra libremente cumpliendo su ciclo, su misión. Es importante que la autoestima este en lo más alto para que tu amor fluya.

La percepción que tienes de ti esta basada en conceptos, en creencias, en valores que haz colocado en tu mente. Si una persona te ofende y baja tu autoestima no es porque ella tenga el poder de hacerlo sino porque en ti hay un código, un valor, una idea que se identifica con la opinión o crítica negativa de otras personas hacia ti. Para modificar esa percepción que tienes de tu persona es necesario encontrar los valores negativos y desactivarlos en tu mente.

Una Mente Desconocida

La vida esta llena de misterios. Ignoramos el 95% de nuestra mente. Hay mucha oscuridad en esa "caja negra" que gobierna nuestros impulsos; pero no queda otra opción que intentar descubrir lo que se esconde dentro de ella, dentro de esa oscuridad. Tenemos que descubrir esos pasajes secretos que conducen al alma; revelar el misterio de la vida y desenterrar los archivos que mueven los hilos de la existencia.

Cada descubrimiento de tu persona, por más mínimo que sea, traerá a tu vida un nuevo despertar y una transformación. Se requiere tiempo y esfuerzo de tu parte y necesitas paciencia y valentía, pero tendrás tu recompensa. El amor te hará fuerte y transformarás tu vida de acuerdo al plan divino.

Siéntelo ahora, que nada te impida sentirlo. Es verdad que no sabes como hacerlo pero no hay problema. Para eso estas aquí, para que abras la conciencia de Dios en tu mente y descubras todos los tesoros que hay en tu oscuridad. Tesoros que contienen la luz de la vida eterna.

El despertar cada mañana es una nueva oportunidad para que salgas y busques tu verdad. Es una puerta más para abrir y descubrir quien eres y que haces aquí. No te limites a vivir de lo que te han dado. Recréate en tu mundo y dirige tu corazón llevándolo a la manifestación de lo más pleno de la existencia. Un día es sólo un momento de existencia que puede ser una gran oportunidad para trascender. Eres eterno, Dios te ha dado su promesa de eternidad (**1 Juan 2:25**). Y si confías en esa eternidad nunca tendrás temor de ser tú, de ser luz, de ser esencia divina.

Renueva tu Vida

Siempre han existido y existirán los tiempos de renovación, de cambio, de transformación, de necesidad de vivir nuevas experiencias. La vida sigue siendo un desafió para conquistar la felicidad día tras día. La lucha es diaria y no hay treguas; por eso seguimos buscando lo mejor para nuestras vidas. Dios nos da la abundancia, depende de nosotros aprovecharla. Abre tu corazón y tu mente para que puedas transformar tu vida. Deja que el Creador derrame en ti toda su gracia para que vivas plenamente realizando todos tus sueños.

Una vez transformada tu vida podrás hacer los cambios que desees. Si fueras un automóvil, la caja de transmisión representaría el mecanismo de transformación para que tu puedas hacer tus cambios de velocidad y así poder moverte. Lo mismo ocurre en nuestro cuerpo. La mente es esa caja de transmisión que permite que puedas realizar movimiento y acciones en tu vida.

Si transformas tu vida con amor, verás un mundo positivo enfrente de ti. Cambia tus rutinas y descubrirás algo nuevo de ti cada día. Por ejemplo puedes usar un medio de transporte contrario al que usas para llegar al trabajo. Beber agua todo el día en vez de sodas. Tomarte un baño de tina en la mañana o en la noche antes de dormir. No ver televisión y salir a caminar por la calle o por el parque. Haz algo que salga de tu rutina. Algo diferente y positivo. Toma un tiempo a solas contigo para poder reflexionar acerca de esas actividades. Lo que te gustó o no te gustó. Y toma notas en un cuaderno. Haz que este cuaderno sea tu registro de experiencias nuevas y enriquecedoras. Toma nota de los pensamientos y sentimientos que experimentas en cada rutina diferente. Camina por las calles, por los parques, por los mercados. Observa a la humanidad y siente el aire. Respira. Deja tu auto estacionado y haz aquello que nunca haz hecho. Intenta una nueva comida o vestimenta. Juega a explorar tus talentos. ¿Por qué no tocar un instrumento musical o ir a pescar? No importa la edad que tengas ni que tanto sabes o no. Sólo intenta divertirte haciendo algo distinto en tu vida. ¿Que tal correr un maratón o escalar el Himalaya?

La transformación se logra cuando te enfrentas a tu oscuridad interna para encontrar la verdad de tu existir. Ahí, en ese hoyo del inconsciente, se realiza el proceso de iluminación. Cuando decides conocerte a ti mismo, abres puertas interiores que te muestran todo lo oculto. Se abren los ojos internos del alma y ves el universo en tu interior. Al hacer conciencia, tu vida despierta a un nuevo mundo lleno de posibilidades infinitas.

La transformación traerá beneficios a tu vida y a los que te rodean. Habrá sanación para todos y en esta transformación, Cristo estará contigo. Él te guiará en tu transformación. Déjate llevar con un espíritu deseoso de cambiar. Este tiempo es el tuyo y es un tiempo de renovación, de sanación y de una nueva forma de vivir. Acéptala, créela, hazla tuya. Tu lo pediste por eso estas aquí leyendo.

Transfórmate, cambia de piel, cambia tus formas y maneras que te alejan del amor y deja que tu nueva piel lleve la textura amorosa de Dios. Caminar a lado de Jesús es vivir en una continua renovación. Entrégate por completo a esta aventura de ser más consciente de Su Presencia. Tú transformación es una liberación que te conducirá a otra forma de vida. Una vida que seguramente será mejor que la que ya tienes.

CAPÍTULO 4

Transforma tu Hogar

**"Todo reino que se divide, corre a la ruina; no hay ciudad
o familia que pueda durar con luchas internas."**
(MATEO 12,25)

El hogar es el lugar de convivencia más agradable para la especie
humana. Es el templo donde emerge el amor de Dios y el de los padres;
donde se fortalecen los hijos durante su crecimiento. El hogar es la iglesia
domestica, representada por un matrimonio que aspira a consolidar su
amor ante Dios y manifestar ese amor en los hijos. Juan Pablo II dijo: "El
matrimonio y la familia cristiana edifican la Iglesia. Los hijos son el fruto
precioso del matrimonio."

Jesús quiere que nuestro hogar este lleno de bendiciones. Pero al
parecer hoy en día muchos hogares se están destruyendo. Vivimos en
una sociedad que promueve todo menos los valores familiares. La vida
acelerada de este mundo material va destrozando a las familias alejándolas
del amor de Dios.

El ser humano en su ambición de poseer lo material, va degradando el
amor, abandonando en el camino su vida espiritual y condenándose.

Los hogares se están convirtiendo en depósitos de negatividad
donde los detalles de amor desaparecen. La comunicación sana no
existe entre los que habitan ahí. Y lo más lamentable de todo es que

Jesús no está en esos hogares. La ausencia de Dios y del amor conyugal crean un campo de batalla lleno de constantes conflictos, agresiones, resentimientos y desamores que alejan a los que habitan ahí, del sentido divino de la existencia y del camino de la luz. En esos hogares sin Dios hay muchas parejas que se juraron amor eterno ante el altar pero se han separado enterrando sus sueños de hacer una familia y vivir felices. Los anhelos y las ilusiones de un matrimonio se ven frustrados cuando se enfrentan a una realidad diferente a la que vivían cuando eran novios y estaban enamorados a la distancia, disfrutando las salidas a bailar, al cine, a cenar, etc. Al casarse y empezar a compartir el mismo espacio, las buenas intenciones se ven enfrentadas y derrotadas por la rutina diaria llena de responsabilidades y obligaciones. Estos nuevos conflictos en los recién casados van desnudando las fallas de personalidad en las parejas y cuando llegan los hijos las crisis aumentan dando paso a desilusiones y a frustraciones. El romance quedó almacenado en los recuerdos y en las fotos que se asoman por encima de los muebles de la sala o del cuarto. La buena comunicación con tonos amables y cariñosos es remplazada por un lenguaje agresivo y resentido. Muchas parejas se desenamoran pronto y en vez de buscar soluciones para rescatar su matrimonio, se alejan de toda confrontación para sanar la relación encontrando en el trabajo o en las amistades la manera viable para escapar.

Matrimonios en Crisis

Es cierto que el matrimonio para muchos ha sido un escape que los aleja de todo aquello que no soportan (como una mamá o un papá controlador y represivo). Otros se casan para lograr un nivel económico y seguridad que no tienen, o simplemente se unen para desahogar las ansias sexuales y de libertad que no habían vivido. Pero todo escape tarde o temprano te lleva a vivir una crisis emocional que afecta tu vida y la vida de los que te rodean.

Las crisis en los matrimonios va provocando amarguras y enfermedades. Mucha parejas prefieren soportarse sin amor, a separarse. Prefieren dormir separados o trabajar de noche para no tener intimidad (si siguen juntos es por conveniencia más no por amor). Quieren seguir ahí a pesar del dolor de no ser amados y soportan todo tipo de agresión por miedo a la soledad, a la pobreza o a la falta de protección. Otros matrimonios se mantienen ahí por la culpa de no lastimar a sus hijos con su separación sin darse cuenta que los hijos sufren más estando con padres que se odian entre si. Muchos esposos pierden la razón de ser y se van condenando. Se vuelven fríos y calculadores; pierden la ilusión y la motivación de entregarse espontáneamente y solamente tienen intimidad por medio de la excitación que les provoca el alcohol, la droga o una película pornográfica. Sólo de esa manera pueden lograr un acercamiento, un afecto, una caricia; pero al final de ese placer momentáneo la realidad continua de manera trágica.

¡Y pensar que cuando estaban enamorados, tan sólo una palabra, un detalle sincero, podía hacer estallar sus cuerpos de alegría y excitación!

La espontaneidad ya no surge y las conversaciones se reducen a "¿Ya mandaste el pago de la luz?", "¿Qué hiciste con el dinero que te di?", "Ya nos mandaron el cobro del auto", "¿Por qué no buscas otro trabajo?", "¿Por qué no lo buscas tú?". La presión económica es el lenguaje del inconsciente que dice: "No estoy a gusto en esta situación".

Con el paso del tiempo todo este mundo de cristal se rompe y lo que menos quieren las parejas es estar juntas. Los hijos compiten con los maridos por la atención de la madre - esposa. Esta madre-esposa que con tantas personas multiplicándose en su casa, ya no sabe a quien darle más atención y en medio de tanta demanda, del quehacer diario, las tareas, las deudas, se está volviendo loca. Y no se diga si tiene una mamá viuda o divorciada sufriendo de soledad y rogándole que no la abandone y de paso que sea ella la hija que la acompañé hasta la muerte. Pero mientras tanto, que cargue con todas sus enfermedades y amarguras. Y más aún, todo se le complica a la mujer cuando se da cuenta de que los hijos no vienen con un manual para controlar sus impulsos de libertad y rebeldía y opta esta mujer-madre-hija-esposa-etc, en ser fan número uno de las telenovelas, de los noticieros amarillistas y programas de chismes e intrigas. Ella misma pasó de ser una linda noticia de amor cuando se casó a un escándalo social y de entretenimiento para sus amigas y familiares. Un escándalo que se convierte en el alimento o veneno cotidiano de todas las personas que viven alrededor de ella, esas llamadas "comadres" (sin ser oficialmente comadres). Comadres que hoy en día se definen mejor como "esposas desesperadas". Mujeres que se van chupando entre chisme y chisme envenenado sus vidas y condenándose en medio de tanta miseria espiritual.

Se acabaron aquellos momentos en los cuales la prioridad era enamorar a tu pareja, vestirte para ella, darle atención desmedida, complacer con detalles y pensar que a lado de tu pareja el tiempo y el espacio no existe. Que el dinero no es todo y que juntos conquistarían el mundo. No importa si vivían debajo de un puente o en casitas de cartón. Su amor lo cubriría todo. Estos momentos románticos llenos de ilusiones poco a poco fueron diluyéndose con el pasar de los días, con el contar de las deudas, con el enfrentamiento de una dura realidad de supervivencia y de egoísmos. Ahí, en esa pesada realidad llena de estrés, de ansiedad, de escapes, los hogares naufragan; unos, pidiéndole a Dios la salvación y otros, pidiéndole a Dios la separación.

¿Has conocido a alguien con este tipo de problemas?

Y los maridos ni se digan. Cuando se casaron pensaron que toda la atención se la iban a llevar ellos. La quitada de zapatos al llegar de trabajar; la comida en la cama, los masajes y las noches de baile y desahogo. Toda la vida loca a lado de su mujer incluyendo las buenas bebidas y películas de acción. Cuando menos piensan, ya están relegados a la posición de máquinas de hacer dinero para abastecer de cosas necesarias e innecesarias a la familia.

¿Cuanto dinero gasta un padre en cubrir una felicidad a través de cosas materiales y no espirituales?

Después de un día laboral te das cuenta de que estas cansado y que ya no hay tiempo para el romance, para la intimidad y mucho menos para descansar ya que hay que lidiar con toda la carga de mantener una casa ordenada, unos hijos educados y rebeldes y una esposa demandante. Al final, el marido opta por refugiarse en el trabajo porque se da cuenta de que ahí no hay gritos más que los de su jefe. Y después del trabajo prefiere irse con los amigos a tomarse unas cervezas y esperar que sea la hora en que los niños estén dormidos (incluyendo la suegra) para llegar y acostarse a descansar.

Al paso del tiempo, el marido se inventa que tiene que trabajar 16 o más horas diarias con la excusa de que hay que pagar casas, autos, escuelas, deudas familiares, errores del pasado y demás. Cuando en realidad uno bien podría trabajar menos y vivir más. ¡VIVIR MÁS! Llegamos a un punto en dónde los matrimonios se vuelven bombas de tiempo superando las expectativas de una felicidad perfecta y condenadas a una explosión emocional que si se da, se da de manera negativa acabando con toda tierra virgen llena de amor debido a la amargura con la que se vive en ese lugar llamado "Hogar".

Pero no todo esta perdido. Para rescatar tu matrimonio es necesario tener plena confianza y convicción en tu relación y hacer valer la presencia de Dios en tu hogar. Ten serenidad y firmeza a la hora de afrontar con responsabilidad tu vida conyugal y la educación de tus hijos. Encamina a tu familia hacia el conocimiento de Dios y construye en ti un modelo de amor y sabiduría. Recuerda:

ACCIONES
Para transformar tu Hogar:

1. Limpia tu casa (por arriba y por abajo).
2. Cambia tus muebles de lugar.
3. Regala o tira todo lo que no te guste o ya no uses. (Ropa, fotos, vajillas, aparatos, etc.)
4. Quita de las ventanas todo lo que no deje entrar la luz.
5. Regala todos videos, películas, libros y revistas negativas, de violencia y de chismes.
6. Haz un altar en tu casa y haz oración con tu familia.
7. Ama tu casa.
8. No veas programas de televisión con temas de violencia o perversión. (telenovelas, noticieros, películas y series de terror o policiacas.) Ve programas educativos.
9. Evita escuchar canciones en tu casa que contengan mensajes negativos. Escucha música positiva y que te conecte con Dios.
10. No hagas de tu casa un lugar donde personas te visitan sólo para quejarse contigo de sus problemas y sufrimientos. Ten conversaciones positivas.
11. No permitas que tus hijos escuchen problemas de adultos.
12. A toda persona que llegue a tu casa háblale del amor de Dios. Deja que Jesús sea el centro de tu vida.

"El Señor es mi roca y mi fortaleza; es mi libertador y es mi Dios, es la roca que me da seguridad; es escudo y me da la victoria".

(SALMOS 18,3)

CAPÍTULO 5

Transforma a tus Hijos

¿Acaso alguno de ustedes daría a su hijo una piedra cuando él te pide pan? ¿O le daría una culebra cuando le pide pescado? (MATEO 7,9-10)

En muchos hogares hay muchos niños que viven en medio de una gran soledad, marcados emocionalmente debido a la falta de amor de sus padres.

Hoy en día muchos padres se han olvidado de que el compromiso más importante al formar una familia es el dedicar su tiempo a los hijos y darles todo su amor cada segundo de sus vidas, sin egoísmos ni resentimientos. Han abandonado la idea de ser los modelos de sus hijos y con ello, los valores familiares se desvanecen. Pocos son los padres que hacen consciencia de este problema mientras que los demás se la pasan excusándose diciendo que no tienen tiempo, que tienen que trabajar, que tienen muchas deudas, que otro día será. El mensaje es muy claro: No saben estar con ellos.

Cuando un matrimonio a renunciado al amor, el hogar queda abandonado. La esposa y el marido se fugan en el trabajo, y los niños desde que nacen van siendo mutilados en su corazón y en su mente.

Entonces vemos bebés, desde que nacen en guarderías o siendo cuidados por las abuelas y las vecinas. Mamás que optan por dar fórmula en vez de pecho a sus hijos (¡si supieran que el mejor alimento, medicina y amor que se le puede dar a un bebe proviene de esa leche materna!).

Hay mamás que ya no quieren enfrentar la responsabilidad de un parto natural, ya desde ahí empiezan a manifestar una incomodidad y surgen las excusas para evitar ese encuentro doloroso y natural con la vida. Las cesáreas aumentan constantemente producto de una equivocada información y preparación. Las prisas de los doctores por realizar partos en segundos y a la vez lograr ingresos extras por aplicar cesáreas, hacen que el ritual de la vida se convierta en un tramite burocrático lleno de frialdad y en algunas ocasiones lleno de terror también. Muchas mujeres ya ni siquiera piensan en tener hijos. Al ver lo que han sufrido sus padres prefieren vivir solteras toda su vida a lado de su mascota.

Lo peor que les puede pasar al hombre y a la mujer es darse cuenta de que ser papá y mamá es una carrera que no están dispuestos a llevar a cabo y defienden su individualidad encaprichada a toda costa renunciando a la misión tan grande y maravillosa que es darle amor a sus hijos: ¡AMOR!

Padres que no se dan cuenta o no saben que sus hijos desde que están en el vientre de la mamá, escuchan, sienten y graban todo lo que pasa en el hogar. No saben que esos niños nunca están dormidos, y que escuchan todas las conversaciones y discusiones de ellos (son receptores ilimitados de información. Graban hasta dormidos todas las frecuencias positivas y negativas de su entorno).

Los hijos se vuelven herederos de un vacío existencial y acaban por ser lo que muchos padres son: personas sin amor. Los padres olvidan que sus hijos son la imagen de Dios y que son seres consagrados como dice La Biblia:

"Antes de formarte en el seno de tu madre, ya te conocía; antes de que tu nacieras, yo te consagré y te destiné a ser profeta de las naciones."
(JEREMIAS 1,5)

Observa con mucha atención todo lo que puede estar rodeando y alimentado a tu hijo. La mayoría de los programas de televisión, las telenovelas, las películas, los juegos de computadoras, las canciones, los juguetes, están cargados de mensajes de violencia, de perversión, de incitación a una sexualidad desviada, alimentando la mente de negatividad, de miedo y temor, de chismes y desconfianzas. Si observas detenidamente, verás que el objeto que más se proyecta en los medios de comunicación es un arma mortal. Alguien aparece amenazando con una pistola, lanzando bombas o clavando un puñal. Actualmente la humanidad gasta millones de dólares por minuto en armas de destrucción mortal. Desde una navaja hasta una bomba atómica. (Si ese dinero lo ocupáramos en dar amor y alimento a los necesitados no habría pobreza ni soledad. Pero la ambición de muchos es tener, poseer y no dar amor).

Vemos noticias que más que ayudarnos a una mejor educación van debilitando nuestra autoestima, nuestra creencia de lo que es bueno. A través de mensajes subliminales nos incitan a comer más, a desear más, a desconfiar más y nunca estar satisfechos de lo que tenemos.

Hay personas que malgastan su tiempo viendo telenovelas, aprendiendo lo negativo de las relaciones y aprendiendo a desconfiar y a engañar.

Muchos hombres y mujeres van en sus autos tocando canciones con mensajes negativos sin darse cuenta que eso que permites, en eso es en lo que te conviertes.

La sociedad se ha convertido en un sistema de cosas absurdas que ha inventado el hombre para alejarse de Dios. Y ese invento llamado sociedad o "suciedad" lo han construido seres humanos ambiciosos, inteligentes pero a la ves miedosos, rencorosos, resentidos con la vida y con Dios. Se vuelve difícil la tarea de educar a tus hijos en medio de un mundo tan hostil.

Ahí en medio de esos "campos de batalla" esta nuestro hogar y nuestros hijos. Esos hijos que cuando llegan a la adolescencia estallan como volcanes en erupción, producto de su encuentro hormonal lo cual hace que todo se vuelva confuso y contradictorio. Hoy en día la juventud vive una crisis muy grande producto de la pérdida de identidad, de la ausencia de los valores en sus hogares. Jóvenes que no creen en su fe porque han visto a sus padres no creer en esa fe. Porque por más que los obliguen a encontrar a Dios, los papás no se comprometen a ser modelos espirituales para estos hijos que viven tentados a los que la sociedad y las escuelas les propongan. Muchos jóvenes se suicidan cada año debido a esta carencia de amor y espiritualidad. Consecuencia de una gran frustración y decepción. Muchos padres no se dan cuenta y ni quieren darse cuenta de esta tragedia.

Tenemos que hacer algo ya que la responsabilidad es nuestra, de los adultos para poder romper las estructuras y programaciones negativas, y sacudir nuestra mente y agitar nuestro corazón para que el espíritu se avive y resurja un ser nuevo en nosotros.

El Perdón de una Madre

Durante una de mis conferencias de Sanación Interior que ofrecí en la ciudad de San Francisco en el 2011, una mujer se acercó a mi llorando. Ella me pidió que la ayudara a corregir a su hijo, un joven de 15 años que al verme lo único que hizo fue evadir mi mirada. El joven lucía tatuajes en sus brazos y aretes en sus labios, cejas y orejas. Su pantalón se le resbalaba abajo de la cintura, mostrando su ropa interior; y su comportamiento parecía al de una persona que acababa de drogarse (mirada extraviada con reacciones lentas). Su madre se quejaba de que consumía drogas y de que ya no iba a la escuela. Yo le pregunté a la madre si ella alguna vez le había dedicado tiempo a su hijo cuando era pequeño. Entonces ella me contestó con una actitud muy defensiva, "Claro que si, siempre le he dado lo mejor." "¿Y qué es lo mejor?" Le cuestioné una ves más y ella no dudó en contestar: "Una casa dónde vivir, comida, juguetes, la mejor escuela." Y seguí preguntándole a la madre de ese joven extraviado, "¿Y cuanto tiempo le dedicó por día a ese pequeño?" "¿Cuanto tiempo de comunicación de amor le brindó a su hijo diariamente?" Y la madre contestó nerviosa, "No se, siempre ha estado conmigo." Después de decir esto, la madre guardo silencio y cerró sus ojos. El joven levantó su mirada tratando de buscar los ojos de ella. Parecía que él le quería reclamar algo. Con voz quebrada la mamá continuó, "La verdad es que cuando el nació, su padre me abandonó y desde entonces he tenido que trabajar todo el día para poder salir adelante." Hubo otro silencio en ella pero esta vez mezclado con llanto y lágrimas. Los ojos de su hijo se pusieron rojos y ella, con mucho dolor confesó, que nunca supo darle amor a su hijo porque a ella no le dieron amor, ya que también fue una hija abandonada por el padre y desatendida por la madre. El joven lloraba asombrado escuchando la revelación de su madre. Ella continuó desahogando su dolor, "al no tener tiempo para mi hijo, el se la pasaba en brazos de alguien que no era yo." Esto último que dijo, le dolió mucho (su hijo fue abusado sexualmente a la edad de 5 años por un adolescente cuando lo dejó encargado en una casa).

Y en ese instante el joven empezó a temblar lleno de miedo y dolor. Había algo que el estaba liberando y que era necesario no parar.

La madre al verlo temblar, lanzó un grito de dolor que provenía de su vientre, "¡perdóname hijo, perdóname chiquito!" Los gritos de pena y dolor aumentaban ante el asombro del joven que se acercaba a ella y llorando la abrazaba diciéndole, "¡mamita no llores yo te amo perdóname tu a mi!"

El momento del perdón había llegado. Ella pidió perdón a su hijo. Y el también pidió perdón a su madre. Los dos me dieron las gracias y nos abrazamos. Cuando abrace al joven el me miró a los ojos y me dijo que había sentido mi abrazo como el abrazo de su padre. El abrazo de su padre que nunca recibió. Ese joven era todo un niño necesitado de un padre, que le ofreciera su protección y fortaleza.

Los hijos son un regalo de Dios para llevar a cabo en ellos la misión divina. Los hijos vienen al mundo por Él a través de nosotros. Nosotros somos sólo el instrumento de Su voluntad. Por tanto no nos pertenecen, le pertenecen al Creador pero somos responsables ante Dios de que esos nuestros hijos reciban todo el amor de nuestra parte.

Muchos papás creen que le dedican mucho tiempo a sus hijos pero la realidad es otra.

¿Cuanto tiempo le dedicas tu a tus hijos, a tu familia? Hay padres que piensan que cumplen con sus hijos por que les dan ropa, juguetes, comida y un techo dónde vivir. Pero se olvidan de los más importante: la comunicación afectiva y amorosa.

Cuando hablo de comunicación hablo de tiempo de calidad. Tiempo de calidad no es llevarlos al parque, ponerlos en una bicicleta y decirles: "da muchas vueltas hasta que te canses". Tampoco es ponerlo a ver la televisión y llenarlo de palomitas y hamburguesas mientras que tú te la pasas mandando mensajes de texto, observando con ansiedad tu teléfono para ver si alguien puso un comentario-chisme-intriga en el Facebook o en el Twitter. Tampoco hay calidad cuando sólo te dedicas a comunicarte con tus hijos para controlarlos y regañarlos.

Tiempo de calidad es platicar de cosas positivas, llenarse de risas y experiencias de amor; es caminar con ellos y hablarles de Dios y de lo bendecidos que somos porque estamos juntos. Es ofrecerles cariño y comprensión; es jugar con ellos como niños sin importar nuestra edad. Tiempo de calidad es verlos a los ojos y decirle: "Eres el regalo más grande y hermoso que Dios me ha dado" Es abrazarlo y construir juntos un hogar feliz. Es decirles "te amo" muchas veces al día.

Ellos, aunque a veces no lo demuestren, necesitan de ti todo el tiempo. El valor de la comunicación familiar esta en el diálogo amoroso, en las acciones positivas, en el escuchar y aprender de ellos; en el compartir momentos que edifiquen los valores familiares y que en tus pláticas y tus actividades con ellos este Dios como invitado. Platica con ellos de frente, cara a cara. Diles cuanto los amas; sueña con ellos, juega a su lado y se parte de sus aventuras e ilusiones. Transformarte en uno de esos pequeños animales del bosque que aparecen en sus cuentos y viaja en sus trenes de vapor. Despiértalos cada mañana diciéndoles: "Hoy nuestro hogar esta bendecido y estamos unidos en el amor." Háblales de las maravillas de este universo creado por Dios. Diles que Dios es amor y que Él es nuestra guía. Y siempre déjales saber que los amas a través de tus palabras y detalles.

¿Cuanto tiempo de calidad le dedicas tu a tus hijos? Hoy en día el tiempo promedio que los padres le dedican a sus hijos para comunicarse con ellos es de 5 minutos por día (muchos papás no alcanzan ni los diez segundos).

Urge hacer consciencia y darse cuenta de lo que realmente esta pasando. No es posible que los papás se quejen de los maestros, de las escuelas, del vecindario cuando ellos mismo no hacen nada por ser el ejemplo de sus hijos. Un ejemplo POSITIVO.

Por tal motivo es importante hacer conciencia de este problema que posiblemente te este afectando a ti y a tu familia. A continuación quiero compartirte la carta de un hijo a sus padres. Por favor abre tu corazón al leerla:

> **"Mamita querida yo sé que estas ahí**
> **pero no te tengo.**
> **Papito, yo se que tus tiempos no son los míos,**
> **pero tu ausencia me lastíma.**
> **Quisiera regresar el tiempo;**
> **cuando de bebé me sonreían juntos, mamá y tú;**
> **Quisiera saber que hice mal para no tenerlos ya.**
> **Veo mis fotografías y siempre están a mi lado,**
> **pero ahora en mi adolescencia ya no hay fotos juntos;**
> **sólo espacios vacíos que no se si algún día se cubrirán.**
> **Y me duele en el corazón…**
> **¿Donde están?**
> **¿Qué pasó, qué hice mal que ni siquiera Dios**
> **esta en mis pensamientos?**
> **Los extraño mucho."**

Nuestros hijos nos buscan todo el tiempo. No te escondas. Que no fracase tu misión. Recuerda:

"Lo que es yo y mi familia serviremos al Señor."
(JOSUÉ 24-15)

Para rescatar a tus hijos, tu matrimonio y fortalecer tu hogar es necesario regresar al origen de todo: El AMOR. Hay que trabajar internamente para conocer tu existencia y de esta manera orientarla hacia un mundo positivo a lado de Dios. Tu hogar es un espacio sagrado, es el templo dónde mora el amor de Dios. Es un rincón dónde nace su luz, donde se alimenta tu existencia a lado de Él y se produce la vida en todos los niveles: emocional, físico, mental y espiritual.

Jesús quiere que tu hogar sea un lugar especial lleno de bendiciones. ÉL quiere que tu hogar se llene de regalos, de alegrías, de sueños maravillosos y de un sin fin de aventuras positivas.

El amor de Cristo se refleja en tu hogar cuando haces a un lado tus egoísmos y cumples la promesa de entregarte con alma y corazón a tu familia. Cuando ponemos por encima de todas las cosas a Dios, vives una vida sana, segura y llena de armonía. Disfrutas mejor la convivencia con tus hijos y con tu pareja. Orando juntos encuentras con tu familia la comprensión de Jesús y recibes bendiciones y regalos del Creador. Tu hogar se llena del amor de Dios cuando vives en honestidad, lealtad y cooperación mutua. Tu hogar con Jesús, se convierte en un templo de alegría donde Dios te recuerda día tras día de donde vienes, invitándote a jugar, a reír y a sentir el reino del amor en tu espacio sagrado.

Para lograr que el amor de Jesús se manifieste en tu hogar, tienes que romper con todo tipo de actividad negativa que te aleje de Su amor. Tienes que romper las cadenas del pasado, esas cadenas de resentimientos que arrastras por generaciones. Tienes que renunciar a las herencias de abandono, de baja estima, de miedo, de culpas, de dolor que tus padres, tus abuelos, tus bisabuelos te transmitieron.

ACCIONES
Para mejor la comunicación con tus hijos.

1. Haz una cita con ellos para hacer una actividad.
2. Dale tiempo y atención a cada uno de tus hijos.
3. Involucrate en proyectos en donde ellos se apasionen.
4. Escúchalos antes de juzgarlos.
5. Aprende de ellos.
6. Mantén un respeto compartido.

7. Deja que ellos se interesen en tus cosas.
8. Conócelos y deja que te conozcan.
9. Ponte en oración con ellos y asistan juntos a la Iglesia.
10. Edúcalos con tu ejemplo. Se tú el modelo de lo que quieres de ellos.
11. Muéstrales tu amor de diferentes maneras.
12. Reconoce tus errores. Perdona y pídeles perdón.

CAPÍTULO 6

Eres un Ser Espiritual

**"El Espíritu mismo, da testimonio a nuestro
espíritu de que somos hijos de Dios."
(ROMANOS 8,16)**

La voluntad de Dios se manifestó para que el hombre, la mujer y todo ser vivo se hiciera presentes en este planeta. Desde el vientre de tu madre se te fue otorgado el milagro de vida y el Creador te consagró.

Es así como surgiste en este Universo; como un río de agua viva que el océano Divino vertió con el propósito de expandir su amor hacia el infinito. Todas las moléculas de agua que recorren internamente tu cuerpo contienen la vida. Eres agua viva que fluye en el Río de la Creación.

Observa el Reino de Dios, contempla su inmensidad. Disfruta ser parte de un todo maravilloso; de un todo lleno de bendiciones. Eres especial, eres un milagro de vida. Fluye con Dios en el amor y rompe toda barrera creada por tus miedos y por tu negatividad. No permitas que el mal se apodere de tus pensamientos y de tu corazón. Día tras día tienes que hacer conciencia de tu origen y de tu relación con Dios y mantente activo positivamente enfocando tu vida al amor.

Según las Escrituras podemos decir que estamos hechos a imagen y semejanza de Dios. Como dice la palabra de Dios:

"Hagamos al hombre a nuestra imagen y semejanza."
(GENESIS 1, 26)

Podemos decir que somos el campo infinito de realización divina. Somos seres espirituales, somos amor que proviene de Dios. Dios está en nosotros y nosotros en Él. Nada tienes que buscar afuera porque todo lo que necesitas esta en tu interior. Las respuestas a tus preguntas se encuentran en lo oculto de tu mente.

Eres parte de un todo, eres parte de Dios, eres un ser divino viviendo una experiencia humana. Al igual que una gota de océano, que contiene todo lo que contiene el océano, tú contienes lo que Dios contiene. Ese todo siempre ha existido, ese todo es amor, es un todo de luz, es espíritu divino. Eres vida eterna. Eres la manifestación de Dios en forma humana, creado de manera perfecta para vivir en perfección.

Tienes que comprender y aceptar que eres creación divina y que tus padres sólo fueron instrumentos de esa creación y que Dios es tu Creador. Si ves a Dios en todas tus acciones, revelarás el origen misterioso de tu existencia y revelarás el secreto de la muerte y la vida eterna. Porque todo aquello que proviene de Dios es eterno.

Somos seres espirituales dentro de un cuerpo. Tu vida tiene un propósito pero puede que lo hayas perdido en el recorrer de la vida. Ese propósito viene de Dios, y es tu tarea en este mundo llevarlo a su realización. Todas tus acciones están motivadas por el amor y al no reconocer ese propósito, tu ser se aniquila, se vacía y muere en vida.

Tu puedes crear tu propia vida a lado de Dios. Estás lleno de regalos divinos. Muestra tu habilidad, tu talento e inteligencia. Sácalos de tu interior. Tus talentos son infinitos e inagotables como Dios mismo. Se creativo en tus pensamientos, en tus sentimientos y en todas tus acciones.

Crece Espiritualmente

El crecimiento espiritual tiene que ser parte de tu rutina diaria. No temas enfrentarte a las tinieblas. Al contrario, cruza ese pasillo oscuro de tu interior y encontrarás la luz que esta en ti. Esa luz es la que te llena de vida y motivación para avanzar y crecer. Alimenta tu espíritu de cosas positivas, alimenta tu mente de ideas sanas que te alejen de la destrucción.

El espíritu al igual que el agua, sólo permanece fresco cuando fluye. Fluye y deja que la corriente te lleve, no te resistas; fluye y deja que Dios te alcance en el camino.

Deja de compararte con los demás. Tu eres único. El éxito personal no se determina si eres mejor que alguien. No pidas ser reconocido, más bien llénate de gozo al saber que lo que haces llena de alegría al Señor. No envidies ni subestimes ni discrimines a nadie por lo que tienen o no tienen, más bien dedica tu vida a compartir tu dones con ellos para que tú vida se llene de riqueza espiritual. Interésate en saber más de los demás que de preocuparte porque todos sepan de ti.

"Dichoso el hombre que no va a reuniones de malvados, ni sigue el camino de los pecadores ni se sienta en la junta de los burlones, mas le agrada la Ley del Señor y medita su Ley de noche y de día"
(SALMOS 1,5)

TAREAS DE TRANSFORMACIÓN PERSONAL

1. **Haz una lista de todas las cosas buenas que hay en ti. Pon tus cualidades, talentos, virtudes.**
2. **Obsérvala día tras día y profundiza en ella.**
3. **Medita las cosas buenas de ti y agradece a Dios por ello.**
4. **Afirma cada mañana con un "Yo soy..." todas las cualidades que Dios te ha regalado.**
5. **Confía en Jesús.**
6. **Crece espiritualmente.**
7. **Lee la Biblia.**

CAPÍTULO 7

El Reino de Dios esta en Ti

"La venida del Reino de Dios no es cosa que se puede verificar. No van a decir: "Está aquí o está allá". Y sepan que el Reino de Dios está en medio de ustedes."
(LUCAS 17, 20-21)

Hay dentro de ti un Dios grande y poderoso. No te limites, no seas pequeño. Traza tu vida con una gran actitud y alcanza la victoria.

Dios está con nosotros, el nos bendice y nos saca adelante. Se creativo y emprende el viaje de tu vida sin contratiempos. De nada sirve enfermarse de melancolía y de frustración. Tu autoestima y la imagen de ti se fortalecen cuando invitas a Dios a caminar contigo. Tus dificultades son superadas al lado de ÉL. La fuerza de Dios en ti, te trae abundancia y armonía. Debes de tener una actitud positiva en cada momento. Tu actitud va a determinar tu destino y estando Dios a tu lado todo será maravilloso.

Dios es todo. Dios es la fuerza eterna y omnipresente que da origen continuamente a una nueva vida. La creación se manifiesta en una variedad de formas y el flujo divino es constante e inextinguible. El universo surge de un pensamiento de Dios y toda esta materia que nos rodea se ha creado a raíz de ese pensamiento divino. En esencia nosotros somos el origen de la creación, y cuando entendemos esto podemos entender que estar vivos no es una mera casualidad. Al contrario, Dios nos ubica en el lugar más privilegiado de la Creación y por ende nuestra misión en la vida es especial.

Dios no tiene principio ni fin. La Biblia dice que Él siempre ha existido:

"Antes de que nacieran las montañas y aparecieran la tierra
y el mundo, tú ya eras Dios y lo eres para siempre."
(SALMOS 90, 2)

Nosotros podemos crear junto con Dios una mejor vida, llena de salud, de paz, de amor, de abundancia y de felicidad.

Dios creo el Universo. Dios es Infinito. Dios es Amor. El existe en todas las cosas. Es inteligencia pura, omnisciente, perfecta, lo es todo y esta en todas partes. Todo existe a través de Dios. Por lo tanto Dios esta en nosotros. Dios nunca es ajeno, nosotros somos parte de Él. Somos imagen y semejanza de Dios y por consecuencia Él está en nuestro interior, en nuestro corazón, en nuestra mente y en nuestro espíritu. Todos juntos somos la Unidad con Dios.

Como hijos de Dios tenemos que renacer de ÉL para que podamos aspirar a la verdad, al bien, a la belleza a lo absoluto. Somos los herederos del Reino y nuestro nacimiento en Él perdura y se renueva constantemente. Nacemos con Él día a día y nos renovamos permanentemente. Cada renacer con Dios nos lleva con alegría y pasión a recorrer el camino, día tras día, de regreso a nuestra propia casa que es la morada del Señor.

El reino de Dios habita en nuestro corazón, en nuestra mente, en nuestro espíritu. Dios es la Fuente de toda la vida. Es ilimitado. Dios es amor. Dios esta en ti.

"¡ Yavé, tu Dios, esta en medio de ti, el héroe que te salva!
¡Él saltará de gozo al verte a ti y te renovará su amor!"
(SOFONÍAS 3,17)

Observa el infinito. Dios es muy grande y nada pequeño. Dios es verdad y esa verdad esta almacenada en nuestro interior.

Pon tu mano en tu corazón y cierra tus ojos. Siente el latido de tu corazón, ese golpe de vida. ¿Recuerdas cuando fue la primera vez que latió tu corazón? No. ¿Tu sabes cuando será el último latido de tu corazón?

Tampoco. ¿A quién le pertenece ese corazón? ¿A ti o a Dios? Y si has contestado a Dios, entonces entrégaselo para que lleves a cabo el plan de amor que tiene para ti.

Si escuchas la voz de Dios en tus latidos escucharás el eco de la creación. Sin excepción Dios revela su presencia. Sin excepción, el nos lleva a nuestra propia perfección.

Dios no discrimina, es la fuente de todo, es el que provee desde su invisibilidad la sustancia eterna de la vida. No elige ni clasifica; sólo se da cómo un mar abundante hacia los pescadores. Se da inmensamente.

Para ver el Reino de Dios tienes que alcanzar un nivel de conciencia más elevado. Sólo abriendo tu corazón, tus emociones, podrás darte cuenta de ese mundo maravilloso a lado de Dios.

Eres heredero del Reino de Dios. Eres la perfección de la vida. No renuncies a él, no abandones tu origen y que nada impida que seas feliz.

**"Por lo tanto, busquen primero su Reino y su justicia,
y se les darán también todas esas cosas."**

(MATEO 6,33)

Cierra tus ojos y viaja en tu interior. Hay un mundo dentro de ti que te pertenece.

Eres un milagro y ese corazón que tienes le pertenece a Dios. Dios es el origen del todo en ti. De ahí vienes y ahí regresarás. Ahora bien, ¿ dónde piensas tu que esta el Reino de Dios? ¿Arriba? ¿Abajo? ¿En todo lugar?

Coloca otra vez la mano en tu corazón. Ahí esta el reino de Dios, en tu corazón. Necesitas sentir ese corazón, escuchar sus latidos y sentir la sangre que corre por tus venas. Sino sientes tu corazón no podrás ver el Reino de Dios. Y si no ves el Reino de Dios es porque hay algo dentro de ti que esta bloqueando el Amor del Creador. El Amor de Dios que hay en ti, es como río de agua viva que corre por todo tu cuerpo. Esas paredes, murallas que no te dejan fluir sanamente son las experiencias negativas que haz vivido y que no han sido liberadas. El Reino de Dios se vive cuando uno es libre de todo dolor. Recuérdalo siempre y dilo:

"El Reino de Dios habita en mi."

CAPÍTULO 8

Conéctate con Dios

"Este es un pueblo de conciencia endurecida. Sus oídos no saben escuchar, sus ojos están cerrados. No quieren ver con sus ojos, ni oír con sus oídos y comprender con su corazón… Pero con eso habría conversión y yo los sanaría."
(MATEO 13, 15)

Una vida sin Dios pierde su propósito, su sentido de existir. Vivir sin Dios te lleva a depender de lo que te ofrece el mundo material y tu alma es atrapada en el abandono y en la miseria espiritual.

Si eres una persona que esta buscando ser feliz en esta vida, tienes que abrir tu mente. Tienes que darte cuenta de lo que es bueno y es malo para tu vida. Debes hacer consciencia de tus pensamientos, de tus acciones, de tus deseos y proyectos. Y una vez que haces consciencia de tu vida, deja que el plan que tiene Dios para ti se lleve acabo. Al hacer consciencia de la presencia de Dios en tu vida, te darás la oportunidad de viajar a través de tus pensamientos y llegar al origen de tu vida. En ese nivel divino, tus puertas se abren y las resistencias desaparecen. Una conexión poderosa con Dios surge, y el proceso de renovación y transformación se activa. Y por consecuencia el mal desaparece haciéndote invulnerable.

Cuando estas conectado con Dios tu conciencia se expande ilimitadamente. Llegas a un lugar en tu mente donde todas tus preguntas son respondidas. Reconoces en ti el Poder de Dios y vives de manera sabia y amorosa. Dios tiene las respuestas, es tu guía, pregúntale constantemente. Él no se cansa de contestarte, está siempre para ti.

Sé consciente de esa conexión divina y empezarás a recibir las respuestas a tus preguntas en cada instante del día. Los canales a través de los cuales pueden llegar son ilimitados. Puede que te lleguen las respuestas a través de un anuncio, una palabra, un sermón, un dicho de alguien que hayas escuchado. A través de una canción o conversación ajena. Puedes recibir esos mensajes divinos en todos las formas que pueden captarlos tus sentidos. Dios te habla constantemente. Esta enfrente de ti. No sólo eso, Dios se comunica también contigo por medio de la inspiración. Cuando sientas que nace de ti algo amoroso, sentirás luz, sentirás ganas de hacerlo y compartirlo. Sólo necesitas estar consciente de que Dios esta en cada instante, en cada microsegundo de tu vida.

Tu mente esta conectada con la mente de Dios. Segundo por segundo, sin tregua ni apagones. La señal que mandamos ha Dios es permanente, eterna. Dios esta presente en todo lugar y a toda hora (pero nosotros fingimos no saber de Él y preferimos evadirlo y no escucharlo).

Los pensamientos generan frecuencias que viajan por todo el Universo. Son la comunicación perfecta con Dios. El pensamiento es perfecto e infalible. A través de tus pensamientos El Padre sabe de ti. Cuando estás en oración son tus pensamientos los que hablan antes que tu voz emita un sonido o una palabra. Dios te oye aunque no hables. Él te habla aunque tú no lo escuches. Y en esta comunicación divina todo se manifiesta en tu entorno, en tu mundo físico, material y espiritual. La mente piensa y las imágenes se plasman en las experiencias de la vida. Tu creas tu vida con tus pensamientos. Si crees que eres insignificante y que no tienes ningún poder en el mundo, vuelve a pensar. Tu mente está dando forma al mundo que te rodea. Reconsidera cada pensamiento negativo que hayas expresado y conviértelo a un pensamiento positivo. Tus pensamientos son poderosos. Un pensamiento negativo te puede condenar y uno positivo te puede liberar.

Cuando nos conectamos con Dios nos conectamos con la fuente de la vida eterna. Por más riquezas materiales que obtengas en este mundo, sino estás con Dios, serás una persona incompleta y posiblemente oscura y vacía. Si hay dudas en tu vida es porque has perdido la conexión con Dios. Tienes que restablecer ese diálogo para que se eliminen tus temores y tus dudas.

Todo contacto con Dios debe ser individual. Cada uno de nosotros somos únicos en el TODO que es UNO. Se tiene que asumir una total responsabilidad ante Dios, para que se realice el diálogo del alma, con la fuente dadora de vida. Solo la comunicación con Él allanará tu camino y el contacto permanente con Él hará que desaparezca todo espejismo, ilusión, engaño y falsedad que habite en tu interior.

Dios es amor y nosotros somos imagen y semejanza de ese amor. Entender esta relación y aceptarla en nuestra mente nos abrirá las puertas del cielo y de la tierra. Dios nos une, el ego nos separa. Acércate a Dios y nunca tendrás un pensamiento que no este en armonía con el Espíritu. La vida es un asunto personal donde tu única guía es Dios. No tengas miedo y acércate a Dios. Es necesario para tu vida estar en constante contacto con Él. Dios no te va a rechazar. Eso tenlo por seguro.

En Él existe gracia, bondad y misericordia. Habla con Él y déjale saber tus necesidades. Mantén un diálogo profundo y permanente con Dios a través de la oración y la lectura de su Palabra. Los tiempos de crisis vendrán y serán superados gracias a una relación fuerte con el Espíritu Santo. Edifica día tras día una vida dedicada a Dios y esa será tu fundación que te sostendrá en tiempos difíciles. Dios te suplirá de sabiduría, consejo y fortaleza. Nunca te canses de orar. Ora hasta que suceda algo.

ORACIÓN

"Aquí estoy Señor, en medio de la noche,
lejos del bullicio, lejos de las cosas que me alejan de ti.
Aquí estoy, esperando por ti, necesitando de ti.
¡Oh Señor! que hermoso es escuchar tu voz
y mi corazón se regocija de felicidad.
Aquí estoy Señor en medio de la noche;
entregándote todas mis oraciones.
Lléname de ti,
lléname de ti,
lléname de ti,
Aquí estoy, lleno de esperanza;
de vida en abundancia que recibo de ti.
Gracias Señor por hablarme cuando mi alma te lo pide."

Somos uno con Dios

"Que todos sean uno, como tú, Padre, estás en mí y
yo en ti. Que ellos también sean uno en nosotros, para
que el mundo crea que tú me has enviado."
(JUAN 17,21)

Participar en el proceso de la vida y del misterio mismo, es integrarnos en una sola conciencia universal, que nos conduzca hacia Él. Somos una familia sin nombres, apellidos, status, clases ni razas. Somos UNO. Vivimos vivencias personales pero al final, esa experiencia es colectiva.

Todos somos uno, somos imagen y semejanza de Dios. Pero una parte de nosotros se ha desconectado de ese origen creativo y amoroso provocando caos, desorden.

A medida que te aquietas, tu esencia se manifiesta y por medio de esa manifestación viene la expresión que sana, comunica, enseña, conecta. Es curioso pero la mayoría de las veces los seres humanos empezamos a valorar nuestra vida cuando estamos a punto de perderla. Y en ese momento, desesperados, deseamos un milagro. Miramos hacia arriba para ver si se abre el cielo, o se materializa un ser celestial, tangible y concreto. ¡Más los milagros son tan simples! conviven con nosotros en cada momento; el latido del corazón, la flor que se abre, la lluvia que cae, la persona que me ofrece justo lo que necesito. Somos hermanos, somos un solo universo. Si logramos la unidad, logramos la perfecta relación, si logramos la perfecta relación, no habrá separación, ni sufrimientos, sólo un paraíso en esta vida.

Todos estamos conectados. Esa conexión es invisible. No la podemos ver pero si sentir. Todos formamos parte de Él, de su perfección. Tan somos todos uno, que todo pensamiento negativo o positivo que tengas sobre otra persona, volverá a ti y afectará tu vida. La vida es maravillosa, sólo hay que sentirla profundamente para que el corazón se emocione y los ojos se humedezcan. Es entonces cuando volvemos a ser Uno con Dios.

Ponte en Misión

Hay millones de personas que tienen la misma necesidad que tu tienes. Es el momento de unirse y ser uno. Es la hora de trabajar juntos en el proceso liberador y realizador que el Espíritu sugiere.

Eres parte de un proyecto que transformará el mundo de miedos a un mundo de amor. Eso es todo.

Para manifestar esa unidad con Dios tenemos que lograr romper los límites físicos que imposibilitan la re-unión con Dios. Sólo igualando nuestras almas podremos eliminar las diferencias entre ricos y pobres, hombres y mujeres. Cuando se alcance la unidad no habrá etiquetas ni separaciones.

Todos necesitamos de todos. Unete al compromiso de todos por ser uno. Únete a grupos que comulguen con tu forma de pensar y nunca renuncies al reino de Dios. Es tu herencia.

"Ya no hay diferencia entre judío y griego, entre esclavo y hombre libre; no se hace diferencia entre hombre y mujer, pues todos son uno solo en Cristo Jesús."
(GÁLATAS 3,28)

Confía en Dios

Dios es tu aliado y siempre apoyará tus buenas acciones. Él sabe lo que quieres y necesitas. Sólo esta esperando que tu tomes la decisión para que el te ayude a realizar todo aquello que pides con amor. Confía en Él y entrégale tu voluntad. Pero no te ausentes de tu responsabilidad. Dios sólo te ayudará si tú te ayudas.

Renuncia a luchar y comienza a confiar en Dios. Lo que es tuyo te llegará cuando dejes de luchar en contra de la corriente.

Confía en la sabiduría eterna que fluye a través de ti. Desarrolla un código interior de conducta basado exclusivamente en tu conexión con Dios. Cuando confías en Dios, estas confiando en ti mismo. Fortalece tu fe en Dios y pon tu honestidad por delante de tus acciones. Confía en tu corazón. En ese corazón está Dios quien es el que te inspira. Dios se comunica contigo de manera intima y espontánea. Siéntelo y llegarás a descubrir que tu vida tiene un tesoro por descubrir y recuperar.

Algún día abandonaremos la morada de nuestro cuerpo y ascenderemos triunfalmente a la eternidad. Nuestra fidelidad será coronada allá arriba.

"Vivirás seguro, lleno de esperanza, serás protegido y te acostarás tranquilo."
(JOB 11,18)

CAPÍTULO 9

Fortalece tu Fe

**"La fe es aferrarse a lo que se espera; es la
certeza de cosas que no se pueden ver."**

(HEBREOS 11,1)

La fe es el centro de nuestra vida pero el origen de la misma es el amor. Una fe sin amor se vuelve una obsesión, una autosugestión fanatizada para alcanzar algo. Una fe sin amor no nos hace llegar a la meta por la cual venimos. Una fe que no está fundamentada en el amor convierte todo en una droga que enajena, enferma y nos aleja de Dios, convirtiendo todo en falsedad y engaño. Una fe sin el amor verdadero se vuelve falso y provoca engaños. Provoca hoyos negros que tragan la luz del amor divino.

En cambio, una fe con amor hace que alcancemos la realidad única de la existencia que es Dios. La verdadera fe encuentra su fundamento en el amor. Por eso la fe cuando es generada por el amor, todo es posible.

**"Por la fe, Sara pudo tener un hijo a pesar de su
avanzada edad y de que ella era también estéril, pues
tuvo confianza en el que se lo prometía."**

(HEBREOS 11,11)

La fe y el amor se transforman en barro para recrear la perfección de Dios. La fe mueve montañas pero el amor las diseña. El amor es el aliento de Dios y la fe la herramienta espiritual con la cual edificamos el Reino de Dios. Si nuestra fe no se fortalece con amor nuestros hogares se debilitan en medio de la corrupción y del pecado. Si no tienes una fe fuerte es porque hay una parte de ti que sigue viviendo en la incredulidad.

Los valores se pierden y no hay una buena orientación en los hijos los cuales se exponen frágiles, en una sociedad que no le interesa saber de Dios. Por medio de la fe reconocemos a Cristo y aceptamos el amor al prójimo como único camino de vida. Que tu fe sea inquebrantable y siempre lleve el sello del amor de Jesucristo, Señor y Salvador del mundo. Dios te ha llamado, ten fe. Todo lo que hagas con fe será recompensado y tu vida se llenará de una enorme alegría y paz.

Entrégate a Dios y activa tu fe apasionadamente. Tu entrega a Dios es tu prueba de fe. Que tu fe plasme en ti una intensa vida cristiana recorriendo el camino de la fidelidad plena a Dios. Él alma, cuanta más fe tenga, tanto más estará unida a Él.

Por medio de tu fe, Jesús pondrá a la luz los secretos de las tinieblas y revelará las intenciones de tu corazón y entonces tus senderos desconocidos serán guiados por Él. Repite en tu corazón:

"El Señor es mi roca y mi fortaleza; es mi libertador y es mi Dios, es la roca que me da seguridad; es mi escudo y me da la victoria."
(SALMOS 18,3)

Se Cristo

Cristo es la llave para entrar a todos los tesoros que Dios nos tiene reservados en su gloria. Él es nuestro punto de encuentro, de reunión en donde nos congregamos en su nombre para adorarle.

Jesús es amor y expandiendo su amor en nosotros podemos alcanzar hasta lo increíble. Hablar de Cristo es hablar de amor, él es nuestro guía espiritual. Para que logres ser feliz en tu vida tienes que permitir que Cristo sea parte de tu vida de manera permanente. Sin excusas.

Cristo es ese Jesús, cuya venida fue anunciada por el Ángel del Señor a María; y ella lo concibió en su seno por obra del Espíritu Santo. Cristo nos trae el Reino de Dios y quiere que tengamos una vida en abundancia:

"Yo soy el pan de vida. El que viene a mí nunca tendrá hambre y el que cree en mí, nunca tendrá sed."

(JUAN 6,35)

Todos fuimos redimidos por la sangre de Cristo. Al morir Él, nosotros renacemos sin pecado a la vida y al resucitar Él, nosotros nos convertimos a su imagen y semejanza.

Cristo vive en ti y llena tu vida diaria con un aire de esperanza. En el templo de tu alma es donde Dios te busca diariamente y Cristo es la cabeza espiritual que guía tu vida una vez que te has entregado a Él, pues el vive, y es el único mediador entre el hombre y Dios Padre. Ten la seguridad de que Cristo esta en ti y decláralo: "¡Cristo esta en mí!"

El único camino para triunfar con Cristo en la vida es "SER COMO CRISTO." Esto nos llevará a ser un Cristo en acción asumiendo la unidad de que todos somos Cristo y así lograr trascender. Porque se es Cristo cuando en ti no hay contradicciones en tus palabras y en tus acciones. Se es Cristo cuando llevas a cabo la enseñanza de manera perfecta e infalible. Si Cristo es tu maestro aprende de Él y vívelo apasionadamente en tu corazón. Sino eres como Cristo, fracasarás en medio de la mentira y el engaño, en medio de la falsedad y la hipocresía. En medio de la ambición y la ignorancia. En medio de la corrupción y el resentimiento. Ser Cristo es el llamado de hoy. Ser Cristo es nuestro presente, nuestro destino. Ser Cristo es ser la luz con la que fuimos creados. Ojalá sientas lo que yo siento al decirte esto.

Espero de todo corazón que puedas experimentar esa misma libertad en tu vida. Si lo consigues, estarás manifestándote como hijo de Dios y podrás ayudar a muchas personas que están esperando que alguien toque sus corazones, que alguien les diga que Cristo esta vivo ahora más que nunca.

Esta nueva alianza con Dios se da en tu interior y se realiza cada segundo de tu vida. La comunicación con Cristo es de tu a tu. Cristo vence, Cristo impera. Cristo reina en ti. Por lo tanto no sólo sigas al que te llama, se como Él para que sea todo como el principio. Él es uno y nosotros uno con Él.

CAPÍTULO 10

Sana tu Vida

**"Vengan a mí los que van cansados, llevando
pesadas cargas, yo los aliviaré."**
(MATEO 11,28)

Jesús amaba a los enfermos y dedicó gran parte de su ministerio en la tierra a curar a los enfermos y a consolar a los afligidos. Pero Jesús no sanaba a todas las personas a su alrededor. Había personas junto a el que no quisieron ser sanadas. ¿Por qué? Porque la sanación es una decisión personal, no de Dios.

Un día una amiga mía de nombre Carmen, me habló por teléfono y me comunicó que le habían diagnosticado cáncer de pecho y que no sabía que hacer. Estaba destrozada. Traté de calmarla, "Todo va a estar bien" le dije. Después de largo tiempo conversando en el teléfono con ella, pudo relajarse. Pasaron tres semanas de esa llamada de Carmen cuando me enteré por medio de su hijo que el doctor le había dicho que el cáncer que padecía su mamá estaba ya muy avanzado y que no le daba más allá de seis meses de vida. Entonces, a partir de ahí, la vida cambio drásticamente para ellos. Mientras que su hijo, Carlos, la ayudaba a buscar opciones curativas, ella empezó una transformación en su vida. Hizo lo que nunca había hecho: fue a tratamientos con psicólogos, se entrevistó con sacerdotes, se puso en oración, fue a la iglesia, practicó medicina alternativa, fue al gimnasio y modificó su estilo de comer. Su enfermedad "incurable" más que enterrarla la motivó a luchar por su sanación. En este proceso curativo o de supervivencia, descubrió que en su corazón había mucho resentimiento, mucha furia almacenada a lo largo de su vida. Por recomendación espiritual y médica, Carmen inició un camino de reconciliación con todas aquellas personas que eran parte de su sufrimiento interno. Su tiempo de vida se alargó. Esos seis meses de vida se habían convertido en seis años de alegría y de agradecimiento a Dios. Yo fui testigo de esa mejoría. Inclusive ella participó en varias sesiones conmigo. Juntos, a través de mis dinámicas, exploramos su pasado lleno de resentimientos y liberamos sus emociones negativas para que el amor resurgiera dentro de ella y mejorara su salud. Todo parecía marchar muy bien. Hasta que un día tuvo que ser internada de emergencia en un hospital. El diagnostico del doctor fue aplastador. El mismo cáncer que se había erradicado, surgió con más fuerza expandiéndose por todo su cuerpo. Según el doctor, era cuestión de días para que Carmen dejará de existir. Fui al hospital junto con Carlos y su esposa para que se despidieran de Carmen. Al vernos entrar al cuarto, ella nos abrazó a Carlos y a mí. Su cara se había puesto feliz a pesar de todo lo enferma que estaba. Pero cuando vio que estaba su nuera, su rostro cambió, se veía irritada y enojada. Carmen le exigió que se saliera del cuarto. La esposa de Carlos, llorando se arrodilló y empezó a pedirle perdón. Un perdón que Carmen no estaba dispuesta a aceptar. La nuera salió destrozada y Carlos también. Carmen me pidió a mi que la dejara sola. Le tomé la mano y dándole un beso en la frente me despedí de ella. Los tres salimos de ahí consternados. Carlos y su esposa estaban destrozados. No hubo reconciliación. Al día siguiente murió Carmen. Después me enteré que tanto ella como su nuera habían peleado mucho por la atención de Carlos. Se crearon fuertes resentimientos entre ellas, y Carmen ya no quiso liberar esa negatividad de su cuerpo. Prefirió morir sin perdonar. Escogió aferrarse a lo negativo y le cerró la puerta al amor.

Nuestro Dios es un Dios de compasión y consuelo, que espera de nosotros que pongamos todos los medios que estén de nuestro alcance para impedir, aliviar y eliminar el sufrimiento y la enfermedad. Jesús sana siempre y cuando nosotros tengamos fe y le entreguemos nuestra voluntad. Al entregar tus enfermedades al Señor, estás dejando las puertas abiertas para que el penetre no sólo en tu cuerpo sino en tu mente. Ahí en tu mente es donde Él curará tus heridas. Porque en tu mente esta el origen de tus padecimientos. En tu mente están las ideas, experiencias, hábitos, programaciones, códigos que hacen posible el sufrimiento y la enfermedad de tu vida. Es necesario que encuentres la raíz de tu dolor para que pueda ser arrancada a través de un acto de amor y perdón.

Toda enfermedad tiene su origen en la mente. La mente almacena millones de partículas de información en una oscuridad llamada inconsciente. La fuente emocional que emana de esa oscuridad es muy poderosa ya que es la que gobierna el presente activo. Ahí, en la mente desconocida, se concentra todo un código de ideas que mueven los hilos de la existencia. Las enfermedades se manifiestan debido a problemas emocionales no resueltos o liberados.

Basado en las creencias y en la percepción que se tenga de la vida y de nuestras relaciones nuestro mundo físico será afectado. Las emociones negativas se producen cuando la mente genera pensamientos negativos y esto hace que el alma, que es la esencia divina se encarcele. Una percepción negativa bloquea el río de agua viva en donde el espíritu se mueve y al encerrarlo en una muralla de miedos, resentimientos, temores, traumas, complejos, hace que las enfermedades surjan entre ellas el cáncer que es la manifestación más fuerte de ese bloqueo negativo.

En cambio, cuando la mente genera pensamientos positivos el alma se expande y el amor circula en armonía. Carmen cambió sus ideas negativas por positivas pero no le alcanzó el tiempo para perdonar y salvarse de la muerte. Ella todavía escondía resentimientos, culpas y auto-castigos.

A veces la sanación se logra en el paciente no tanto por el medicamento sino por el proceso de sanación que transcurre en su interior durante su tratamiento.

En ti está la Sanación.

Todos tenemos un mecanismo de auto-sanación y nuestro cuerpo activa este mecanismo cuando nos lastimamos, nos hacemos una herida, o nos contaminamos por dentro. Tu sistema inmunológico está diseñado para proteger tu cuerpo. La enfermedad no puede subsistir en un cuerpo que se encuentra en un estado emocional saludable. Cada día en nuestro cuerpo mueren millones de células y en cada día millones de células más nacen en ti.

De hecho, hay partes de tu cuerpo que cada día son sustituidas. Otras partes tardan meses, otras tardan años.

Nuestro cuerpo se renueva a través del fluir de la vida. Ese río en ti se recrea constantemente pero si tu obstruyes esa corriente divina con pensamientos negativos estarás provocando la enfermedad almacenándola por años.

Tienes que generar pensamientos positivos que te hagan fluir en el presente.

> **"No hay nada afuera del hombre que al entrar en él
> pueda contaminarlo; sino que lo que sale de adentro
> del hombre es lo que contamina al hombre."**
> **(MARCOS 7, 15-16)**

La enfermedad no puede existir en un cuerpo que tiene pensamientos amorosos y positivos. Sé consciente de tu perfección. Los pensamientos imperfectos son la causa de todos los males de la humanidad, incluida la enfermedad, la pobreza y la infelicidad. Querrás evitar el dolor con drogas, trabajando horas extras, evitando y negando tu realidad, pero no podrás escapar de ti. Buscarás conversaciones superficiales como los chismes, los periódicos, las revistas, los programas de televisión, pero nada de esto te sanará; más bien seguirá destruyéndote. Muchas personas viven así, alteradas en su interior y en silencio montando una máscara en su rostro para no ser reconocidos en su dolor.

CAPÍTULO 11

Libera tu Alma

"Jesús se entregó por nuestros pecados para arrancarnos de nuestra mala condición presente, cumpliendo así la voluntad de Dios nuestro Padre. Gloria a Él por los siglos de los siglos. Amén."
(GÁLATAS 1,3-4)

El alma no pide ser curada sino liberada. Una vez liberándola de la mente opresora, la esencia de la vida, que es imperecedera transformará al cuerpo sanándolo. Para liberar el alma se requiere de talento, de arte, de expresiones osadas que traspasen las razones y alcancen los sueños en donde habitan los niños que somos nosotros y de esa manera conectarnos con ellos a través de la inocencia y la pureza que son los orígenes divinos de la existencia.

Sanar es liberar todo aquello que produce negatividad en ti. Sanar es manifestar el milagro de vida que eres y declarar el amor de Dios en tu persona.

Una sanación se logra cuando se restablece la paz en la mente y las emociones fluyen de manera positiva y amorosa. En ti está el origen de esa enfermedad. Todo lo que sucede en tu mente tu cuerpo lo proyecta mostrando así tu padecimiento o tu sanación. Dios no castiga; tu mente negativa es la que te castiga.

El enemigo de tu vida no esta afuera, esta dentro de ti. Es tu falso yo llamado ego que va destruyendo tu autoestima. Tus demonios son esas ideas negativas que se esconden en tu mente y actúan silenciosamente envenenando tu alma. Tu ego es tu único enemigo y el único que puede derrotarlo es tu amor.

"El hombre bueno de su buen tesoro saca cosas buenas; y el hombre malo de su mal tesoro sacas cosas malas."
(MATEO 12, 35-36)

La sanación puede ser simple o compleja eso depende de la manera en que tu mente quiera acceder al conocimiento de las causas que provocaron la enfermedad. Depende de tu voluntad para cambiar los conceptos de esas experiencias negativas y reestructurar una nueva visión de ese pasado y transformarlo en un hecho positivo y emprender el presente con autoridad y autonomía en cada acción de tu vida.

Somos herederos de una cadena de información emocional negativa y positiva. A través de nuestros antepasados hemos almacenado esa información que ahora gobierna nuestras acciones. Así como recibimos información emocional positiva recibimos información emocional negativa que es transmitida en nuestra vida cuando tenemos experiencias que nos causan dolor y sufrimiento como castigos, golpes, abandonos, abusos, etc.

Tu mente ha sido contaminada por creencias negativas. Es necesario que rompas esas cadenas, que elimines ese virus que habita en tu mente, el cual hace que tu vida se desvalore y se destruya.

Las cadenas son creencias negativas que destruyen tu autoestima; un sistema de ideas que condenan tu existencia y te impiden ser feliz.

Lo que piensas ahora, tus hábitos y comportamientos son el resultado de tus creencias y experiencias que están registradas en tu archivo de vida. Ese archivo contiene información emocional no sólo de tu vida, sino también de la vida de tu antepasados. Cada pensamiento realizado por tu mente va expresando tu identidad y va determinando tu presente y futuro. Si escuchas una canción que diga "por tu maldito amor" y después de que la cantas, observarás que tu interior esta afirmando que el amor es maldito. Si escuchas y cantas una canción que diga "lástima que seas ajena" estarás proyectando el mensaje de tu interior que dice que estas deseando una mujer ajena. Al observar nuestros comportamientos podremos conocer lo que esta pasando en ese archivo de vida que maneja tu vida.

Tú creas tu vida con tus pensamientos. Como siempre estás pensando, siempre estás creando. Aquello en lo que más piensas es lo que se manifiesta en tu vida.

Cada pensamiento tuyo es una semilla que germina en el mundo material. Esa semilla es la creación de ti mismo. El fruto de esa cosecha será bueno o malo dependiendo del pensamiento que hayas fecundado en tu mente. Tienes que eliminar toda idea negativa, toda toxina que afecte tu vida. Toxinas que son producidas por los pensamientos de limitación, carencia, comparación, de víctima, auto-crítica y violencia, por mencionar algunos.

No pierdas la buena voluntad. No pierdas la sinceridad en tu conciencia y la honestidad en tu conducta.

Si la enfermedad te invade, reconócete a ti mismo como autor de ella y te darás cuenta que es parte de tu propia invención.

Cuando asumes la responsabilidad de tu enfermedad y dejas de culpar a los demás de tu situación, empiezas a experimentar una verdadera sanación.

Libera tu Dolor

"En verdad les digo que llorarán y se lamentarán, mientras que el mundo se alegrará. Ustedes están apenados, pero su tristeza se convertirá en gozo."
(JUAN 16, 20)

La salvación que Jesús nos ofrece es la liberación de todo mal. Para que podamos ser abrazados por el bien necesitamos despojarnos de todo dolor, de todo sufrimiento.

Si el dolor existe es porque hay algo que estas reteniendo y ocultando. Estás inmerso en tus preocupaciones cotidianas y no tienes oportunidad de hacer una pausa en tu vida para profundizar en tus pensamientos y encontrar respuestas que liberen tus tensiones.

El amor esta en tu interior, esperando que lo liberes. Tu amor quiere fluir y para ayudarlo a fluir necesitas liberar el dolor y el resentimiento a través del perdón. El amor es más poderoso que el mal porque sólo el amor es real. Solo el amor puede borrar el pecado y liberarte del mal.

Prepara el camino del Señor, allana tus senderos, examina tu conciencia, indaga tus obras, palabras y pensamientos; distingue el bien del mal; no vaciles en confesar tus errores, arrepiéntete y no vuelvas a cometer pecado. De esta manera enderezarás el camino para que Jesús salve tu vida.

Expresa tus penas y libera las experiencias negativas. Las lágrimas están conectadas con experiencias emocionales. Por medio de ellas podemos explorar recuerdos que contengan información dolorosa y traumática. Llorar de manera, guiada te da la oportunidad de desbloquear tu sistema y liberar cargas negativas que debilitan la autoestima.

Libérate de todo Mal

Todo lo visible en este mundo no te garantiza un bien inalterable y definitivo. Nada de este mundo, ninguna cosa tiene la capacidad para lograr tu salvación, para liberarte de todo mal. Dios es el unico que hará posible tu salvación. La salvación la podrás ver en tu propio corazón, en tu conciencia, cuando participes en el misterio de la remisión de los pecados y realices la venida de Dios en tu interior.

"Aunque sus pecados sean colorados, quedarán blancos como la nieve; aunque sean rojos como púrpura, se volverán como lana blanca."
(ISAÍAS 1,18)

No importa que tipo de mal enfrente tu vida ni que tan arraigado este en ti. No dejes que las aflicciones te aplasten. En el mundo siempre tendrás pruebas que superar. Jesús ha conquistado el mundo y le ha quitado poder para que no te destruya. Abre la brecha, rompe ese muro del odio, no te dejes engañar; alienta a tu ser a superar todo rencor toda rivalidad, toda envidia.

Libérate de las guerras, del odio de la destrucción de la vida humana. No asesines el amor que hay en ti. No permitas que los medios que están al servicio de la muerte y la destrucción te sometan. Libérate del mal.

Liberar es dejar de controlar todo sufrimiento que te encadena. Todo aquello que viene del miedo y del dolor nuestro ego lo almacena y lo controla, lo cual hace que nuestra esencia amorosa no fluya en la vida. Liberar lo negativo que hay en nosotros permite a nuestro cuerpo sanar de todo tipo de enfermedad inclusive eliminar el cáncer.

Despréndete del dolor y busca en el amor la respuesta. La raíz del dolor esta en tu pasado. Hay que abrir ese archivo de experiencias que han sido interpretadas negativamente y darle una nueva interpretación. Un enfoque diferente y positivo para que no vuelva afectar tu presente.

Conócete a ti mismo, conoce tu verdad para que entiendas el propósito de tu vida. De esta manera encontrarás el origen de tus enfermedades y restablecerás el Reino de Dios en tu interior..

No concentres tu vida en atormentarte por las cosas malas que viviste en el pasado. No ganas nada. Libérate de esa información negativa y corta esas cadenas, esa herencia mental, esa programación que condena tu presente. Hazlo por ti.

La Verdad te hará Libre

"Nada hay oculto que no llegue a ser descubierto ni nada secreto que no llegue a saberse."
(MATEO 10,26)

Jesús es el camino, la verdad y la vida. Practicar la verdad en Cristo nos genera una vida llena de armonía. A través del ejercicio de la verdad puedes llegar a acondicionar tu vida de manera armoniosa. La práctica de la verdad es la llave que abre las puertas del alma. La verdad es la que te lleva a entrar en el inconsciente y descubrir lo que hay ahí. Si te alejas de ella estarás escapando por un túnel sin salida. Expresar tus emociones, tus sentimientos es una manera sabia para mantenerte en equilibrio y vivir sanamente. Cuando ocultas tus acciones sabes que ellas no contienen la verdad por lo tanto estas obstruyendo la fluidez del amor. Tienes que hacer que tus acciones afirmen todo lo que de tu boca sale.

Son tiempos de conciencia no de ignorancia; tiempos de iluminación no de oscuridad. Tiempos de verdad y de esperanza; tiempos de revelación y de humildad; por que el amor verdadero es noble y manso. Nada lo puede contener ya que es ilimitado. Por lo tanto nada quedará oculto ante la luz que emitirá la verdad.

Estamos en un mundo dónde los milagros ocurren todos los días. Tienes que aprovechar la oportunidad que Dios nos brinda diariamente para poder ser felices. Tienes que unirte a Él y vivir de su abundancia.

Tal vez las culpas que cargas no te permitan vivir experiencias nuevas y positivas. Sólo liberando esa culpa a través del perdón y del agradecimiento Dios te renovará.

El sentimiento es el lenguaje del alma. Abriendo tu corazón, encontraras tu verdad más profunda. Para llegar a esa verdad tenemos que dejar a un lado todas esas formas de pensamiento que bloquean la expresión. El juicio, la culpa, la autocrítica, la represión, son formas de pensamiento negativas que encarcelan el sentimiento genuino y la expresión del alma.

El más impactante recurso que Jesús nos ofrece para liberarnos del ego y de la miseria existencial, es buscar la verdad, ya que al encontrarla, no sólo seremos libres, seremos herederos del Reino de Dios.

Sólo necesitas abrir la puerta de todo conocimiento interno. Cuando te despojas de toda negatividad, de toda coraza externa, estas permitiendo a tu ser entrar en el misterio de la vida y saber sus secretos. En esos instantes llenos de luz, llegarás a alcanzar la más alta conciencia de Dios que es el amor.

Oración

**"Encamina mi vida en tu verdad Señor,
anima mi alma día tras día
y transfórmame con tu amor.
Conviérteme en un testigo valeroso
de tu misión salvadora.
Amén."**

CAPÍTULO 12

El Arte del Perdón

"Si ustedes perdonan a los hombres sus ofensas, también el Padre celestial les perdonará a ustedes."

(MATEO 6,14)

El perdón es una de las virtudes más grandes que el amor puede ofrecer. Es la llave amorosa que abre todas las puertas, la que hace que todo tipo de sanación ocurra en nosotros. La sanación es un acto de amor que se expresa a través del perdón.

Pero no es fácil perdonar. Se requiere de un acto de conciencia y responsabilidad en donde uno tiene que renunciar a ser víctima de su pasado. Un perdón de los dientes hacia afuera no logra la sanación; sólo provoca que el resentimiento se hunda más en lo profundo de las emociones.

Toda enfermedad esta conteniendo una falta de perdón. Hay un resentimiento escondido detrás de ese padecimiento. Esa dolencia trae el mensaje de algo que no se ha liberado. Nos da a entender que hay emociones bloqueadas que se están estancando en alguna parte del cuerpo. El amor no fluye y el cuerpo lo refleja en la enfermedad. Es necesario buscar el origen emocional de esa enfermedad y encontrar la experiencia que controla y produce la enfermedad. Cuando se encuentra esa experiencia se tiene que liberar y la única forma de liberar es por medio del perdón.

Perdonar significa renunciar, dejar en libertad. Dejar de aferrarte a esa idea negativa que amuralla tus sentimientos. Para perdonar se requiere de estar dispuestos a hacerlo. Después Dios se encargará de lo demás. El perdón es un regalo para ti, para que liberes y rompas tus cadenas.

A la edad de 10 años viví una dolorosa experiencia que cambió el rumbo de mi vida. Mi madre había convencido a mi padre para que me golpeara físicamente por haber cometido un acto de desobediencia. Fue un acto brutal que cometió mi padre a mi persona. Los golpes no vinieron de sus manos, vinieron de una vara que se usaba para pegarle a los caballos. Fueron muchos los "varillasos" que mi progenitor me dio. Una vez terminado el castigo, me encerré en mi cuarto para seguir llorando amargamente. Mis piernas estaban ensangrentadas. Un dolor muy grande había en mi cuerpo pero también un resentimiento nacía en mi corazón. El día que sucedió todo esto, mi madre tenía mucho estrés y al enterarse de que me había ido con los amigos del vecindario a un concurso de yo-yo sin haberle pedido permiso se puso furiosa. Con justa razón. A mi madre no le gustaba que jugara en la calle ni mucho menos que me bajara de la acera para jugar con mis amigos. Era un concurso de yo-yo que no quería perderme. Tenía muchas ilusiones de ganar un premio. Y tenía miedo de pedirle permiso a mi madre y que ella me lo negara. Fui sin decirle nada y gané el concurso. Gané como premio un yo-yo profesional. Era mucho para mi. Pero mi alegría fue apagada cuando regresé a la casa. Mi madre ya estaba enterada de mi escape. Antes de que yo le presumiera mi trofeo, ella le insistió a mi padre para que me castigara. Y sucedió así. Fue una experiencia muy dolorosa y traumática. Tiempo después, ya como adulto, tuve que limpiar todo ese recuerdo a través de terapias emocionales. Muchas sesiones necesite para descargar toda esa negatividad y liberarla de mi cuerpo. Logré perdonar a mis padres pero en mi mente quedaba algo que no cerraba. Hace poco, me enteré de un acontecimiento familiar que yo no sabía. Una de mis hermanas me contó que uno de mis hermanos en su infancia había tenido un accidente. Mi hermano, el mayor de ocho (yo soy el último) cuando era niño, fue atropellado por un auto cuando el estaba jugando en la calle. Su cuerpo quedó prácticamente destrozado y mis padres vivieron una pesadilla para poder salvarle la vida. Los momentos maravillosos de ese matrimonio que empezaba, cargado de sueños e ilusiones, se vieron interrumpidos abruptamente al ver a ese niño tirado en la calle lleno de sangre. Hubo mucho sufrimiento. La estabilidad económica se vino abajo debido a altos gastos en hospital, doctores, medicinas y demás. Al final de esa pesadilla mis padres pudieron revivir a su primogénito. Mi hermano no murió gracias a Dios, pero mis papás quedaron muy afectados. Cuando supe de esta historia familiar, empecé a entender muchas cosas. Entendí que todo el castigo y la agresión física que recibí de ellos, mucho de ello se debió a este pasado traumatizante que ellos vivieron. Comprendí porque mi madre se ponía furiosa al verme por la ventana, agachado debajo de un auto tratando de sacar una pelota. Al ponerme en su lugar y recordar lo sucedido con mi hermano, llegué a sentir el dolor de mi madre, su furia y su desesperación. Me metí en mi madre, y viví su fragilidad y su locura ante tanto dolor. Lloré en las lágrimas de ella. Me estremecí en el silencio del dolor que la cubría al ver a mi padre, envuelto en borracheras lejos del hogar (ellos no querían volver a vivir esa experiencia con ninguno de sus siguientes hijos). Sus dolores, sus traumas y sus miedos, los llevaron a usar castigos y golpes para corregir a mis hermanos y a mi. Ahora al recordar ese pasado y revivir esas heridas, pude sanar más. No los justifico, más los comprendo. El perdón que había liberado en ellos hace tiempo se fortaleció y se hizo más profundo cuando supe esta experiencia familiar. Ver la experiencia desde otro ángulo me ayudó a re-interpretar lo vivído, y lograr así, una profunda liberación.

Busca en tu archivo de vida esas experiencias de tu pasado que afectaron tu persona. Busca tu dolor, tus resentimientos. Una vez que los encuentres, libéralos por medio del perdón. Perdona a esas personas que te ofendieron y pide perdón a esas personas que tu ofendiste. Dale una nueva interpretación a esa experiencia y llénala de luz. Después, agradece a Dios por esta apertura, por esta reconciliación. Puedes orar de esta manera:

ORACION

"Oh Padre, por favor perdona mis errores.
No me había dado cuenta de mi egoísmo
Y de mi falta de amor en mis acciones.
Al lastimarte a ti, me he lastimado y
me he llenado de miseria.
Yo sé que tú quieres que sea feliz.
Puedo ver eso y sentirlo.
Estoy contigo Padre mío, como tú conmigo.
Gracias por tu amor y comprensión.
Amén."

Agradece

Sin agradecimiento nuestras oraciones sólo serán un discurso lleno de carencias y vacíos. La gratitud es la más poderosa afirmación dirigida a Dios. Al agradecer, te das la oportunidad de que encuentres un punto de serenidad y con ello establezcas un conexión interna con Dios.

Todos los días, agradece la presencia de Dios eterno que siempre está contigo. Al agradecer percibirás el mundo de manera diferente. Tus sentimientos serán más placenteros y estarás mas consciente de tu espíritu y de tu divinidad.

Agradeciendo, aprenderás a valorar la vida y podrás entender mejor lo que Dios tiene preparado para ti.

> **"Te agradezco que me hayas escuchado, tú
> has sido para mi la salvación."**
> **(SALMOS 118,21)**

Si te sientes incapaz de agradecer es porque estas cargado de sentimientos negativos: celos, resentimientos, ansiedad, desesperación, envidia y demás. Esa negatividad te impide que recibas lo mejor de Dios que hay para ti. Cualquier cosa que recibas positivamente, agradécela y verás que tu vida cambiará maravillosamente.

Cuando las cosas vayan mal en tu vida, activa tu agradecimiento a Dios y deja que Dios escuche tu voz y tu corazón en la oración y en el dar. Concentra tu vida en el dar sin esperar nada y entrega lo más bello de ti.

Siéntate en algún lugar de tu casa. Pasa diez minutos en calma y contempla todo lo que tienes y todo lo que estás viviendo. Permanece en paz y agradece lo que estas permitiendo en tu vida manifestarse de forma tan perfecta. Abandona todo pensamiento negativo y reconoce las cosas bellas que hay en tu vida.

Agradece la comida, los buenos detalles de la personas que te rodean. Levántate cada mañana con alegría y agradece por un nuevo día. Agradecer te da vida y te mantiene en armonía con Dios.

Da gracias y recuerda que todas las cosas buenas que recibes vienen de Dios. Puedes dar gracias de esta manera:

"Gracias Señor por todas las buenas cosas que recibo de ti,
por este alimento que recibe mi cuerpo,
que es tu templo;
por todo el abrigo
y hospitalidad que encuentro a tu lado;
por todo los detalles de amor que recibo
de todas las personas que me rodean.
Gracias por todo lo que me das y no entiendo.
Se que tienes algo reservado para mi, Señor.
Lléname de tus bendiciones.
Amén."

Cada mañana antes de levantarte de la cama, ten la costumbre de sentir gratitud por adelantado. Agradece por el gran día que vas a empezar, como si ya lo hubieras vivido.

"Porque todo lo creado por Dios es bueno, y nada se
debe rechazar si se recibe con acción de gracias."

(1 Timoteo 4,4)

CAPÍTULO 13

Sana tu Mente.

"Toda pensamiento negativo detiene el proceso de amor y vida."
-Hugo Isaac

Nuestra mente está conectada con Dios. Al conocerla estamos conociendo a Dios, ya que el es el Creador de todo lo que existe. A través de nuestros pensamientos generamos emociones. Cuando te encuentras en momentos difíciles tus emociones expresan lo que tu mente esta pensando. Es así como por medio de nuestros pensamientos construimos el mundo que nos rodea. Por medio de tus pensamientos (los cuales son más de 70 mil pensamientos al día) tu vida se manifiesta de manera positiva o negativa. Las enfermedades son manifestaciones de pensamientos negativos que se reflejan en tu cuerpo. Todo lo que es físico en ti, es una manifestación de tus pensamientos. Cada idea que almacena tu mente acerca de ti, va provocando emociones y afectando tu cuerpo y tu salud.

La enfermedad no es el origen del fenómeno negativo que ocurre en el cuerpo, es la activación del sistema de emergencia y supervivencia que produce el cuerpo para tratar de sanar y tratar de regresar a su forma original que es el amor.

Una vida se va enfermando y destruyendo cuando sus posibilidades de manifestar su amor se van reduciendo. Un pensamiento negativo provoca una acción negativa tanto dentro de ti como afuera en tu entorno.

"Tu ojo es la lámpara de tu cuerpo. Si tus ojos están sanos, todo tu cuerpo tendrá luz; pero si tus ojos están malos, todo tu cuerpo estará en oscuridad. Y si tu fuente de luz se ha oscurecido, ¡cuanto más tenebrosas serán tus tinieblas!"
(MATEO 6,22)

La enfermedad es provocada por una inestabilidad emocional provocada por el estrés. El estrés se produce debido a una experiencia que sucede en tu vida y que te hace perder el control de ti, hace que tu paz y seguridad sean amenazadas. La pérdida de control puede producir miedo y agresividad. Una agresividad que surge como un mecanismo de defensa y de supervivencia que recrea un mundo lleno de conflictos internos y guerras externas; donde los resentimientos y las culpas, van creciendo dentro de uno, destruyendo el amor y la salud. Para poder sanar es necesario hacer una tregua, un alto a esa auto-destrucción y buscar reconstruir esa ciudad de tu alma que ha sido saqueada y arruinada. Es necesario soltar la armas del orgullo, de la venganza, de la negatividad y reparar las heridas con la única medicina infalible: El Amor.

Tu Mente lo crea Todo

En nuestra mente está almacenada la información que hace que nosotros seamos y actuemos en esta vida. Todo lo que se manifiesta en nuestra vida es creación de nuestra mente. Y esa manifestación es producto de un sistema de ideas, creencias sociales, programaciones, experiencias emocionales, que gobiernan nuestro interior en donde se generan las acciones externas.

El Universo ha surgido de un pensamiento; del pensamiento de Dios. Dios nos creó para crear y por ello nos dio libre albedrío, para que utilizáramos nuestro dones divinos y creadores y ser parte del Reino (**Lucas 13:23,24**). Ese Universo esta afuera y adentro de ti. Por lo tanto Dios te da poder para que tu elijas la manera de vivir. Y ese poder reside en tus pensamientos. En lo que pienses te conviertes. Por eso es importante descubrir tu mente, conocerla y aprender a manejarla. Dios espera de nosotros lo mejor. Y lo mejor se encuentra en el conocimiento total de la existencia. En tu inconsciente se encuentran los más grandes regalos que Dios tiene reservados para ti. ¡Búscalos!

Tú eres el resultado de tus pensamientos y tu presente tiene un sólo responsable: tu mente. Eres el reflejo de tus pensamientos y tus pensamientos se originan en una caja negra llamada inconsciente dónde almacenas no sólo tu historia, sino también la historia de tus antepasados.

Tus hábitos, son consecuencia de una información almacenada milenariamente. No eres un ser independiente ya que en ti se encuentran moléculas de información heredada de tus antepasados que gobiernan tu mente y tus acciones.

Tu vida se mueve en la conciencia e inconsciencia. Tus pensamientos se manifiestan en acción reflejando lo que hay dentro de ti. Si actúas amorosamente eso te dará la prueba de que tu amor esta liberado y que la información que maneja tu mente es positiva. Pero si actúas negativamente eso te dará la prueba de que en tu mente conservas experiencias negativas que a lo único que te llevan es a manifestar una realidad llena de dolor y sufrimiento.

Tienes libre albedrío para elegir, pero cuando tienes pensamientos y sentimientos negativos, te estás separando de Dios y de su bondad. Reflexiona sobre cada una de tus emociones negativas y te darás cuenta de que todas se basan en el miedo. Proceden de pensamientos de separación y de verte separado de los demás. Inclusive de Dios.

Si te sientes atrapado es porque te estás negando la posibilidad de fluir con éxito en tu vida. A veces uno se atrapa por causa de otras personas. Chantajes surgen y el drama aparece. Los apegos te amarran y te encadenan. Las deudas emocionales no te dejan respirar en libertad.

"Tú eres el resultado de tus pensamientos y tu presente tiene un solo responsable: tu mente."

-Hugo Isaac

La creencia que tienes sobre Dios es la que define tu vida. Si ves en el un Dios castigador, controlador y enojado, tu creencia de ella te llevará a responder de manera rebelde, agresiva y resentida. En cambio si ves en Dios un padre amoroso, comprensivo, alegre, consolador y amigable, tu creencia de ello te llevará a responder de manera positiva, alegre y amorosa. Cada pensamiento tuyo refleja tus creencias. Parte de esas creencias las heredaste de tus familiares y otra parte la has ido adquiriendo de tus vivencias personales, de la relación con tus amistades, de información que adquieres de los libros, de los medios de comunicación etc. Dependiendo de la creencia que tengas, tu organismo responderá ante los acontecimientos diarios que ocurren en tu vida. La supervivencia se activa en tu ser a partir de esos decretos, de esos códigos de una verdad personal.

EJERCICIO: CONVERSIÓN NEGATIVA A POSITIVA

Haz una lista de frases negativas que hayan marcado tu personalidad. Frases que alguien te haya dicho y frases que tu dices de ti mismo. Y abajo de cada frase pon la frase en positivo. Ejemplo:

"No sirvo para nada" -------------   **"Yo sirvo para todo"**
"No soy bueno"--------------------   **"Yo soy bueno"**
"Nunca hago las cosas bien" ----   **"Yo hago las cosas bien"**
"Eres un tonto" -------------------   **"Yo soy inteligente"**
"Eres un fracaso" -----------------   **"Yo soy una persona exitosa"**

Recuerda que lo que tu mente acepta como imagen de ti en eso te conviertes. Puedes definir tu persona de esta manera:

ORACIÓN

"Soy un ser lleno de Amor y de Luz;
Dios me ha creado para manifestar su Amor.
Yo soy Amor, Ternura y Bondad.
Mi vida expresa sentimientos positivos.
Me acepto como soy. Me apruebo y Jesús me aprueba."

> **"Las circunstancias cambian cuando tus**
> **pensamientos cambian de dirección."**

Hugo Isaac

CAPÍTULO 14

Ejercita tu mente

"Preocúpense por las cosas de arriba, no por las de la tierra."
(COLOSENSES 3,2)

La mente requiere de un ejercicio profundo día tras día. Un entrenamiento que te lleve a mejorar tus pensamientos y tus acciones. Por lo tanto, tienes que saber más de ti, de tus emociones, de tus hábitos heredados, de tus cualidades y defectos. La mente es la que gobierna todo tu cuerpo y tus sentimientos. Es necesario adentrarse en ese mundo mental para descubrir la información que sustenta tu vida. Esos códigos de verdad que hacen que tu vida actúe instantáneamente.

Para tener una transformación personal es necesario que aprendas a enfocar positivamente tu vida. Enfocar es la acción mental que concentra tu vida en un objetivo, para no sólo observarlo, sino también atraerlo. Al enfocarte, pones tu atención en una acción determinada (comer, leer, estudiar, hacer ejercicio, etc). A mayor atención que le pongas a esa actividad mayor aprendizaje obtendrás. En los procesos curativos se requiere de la participación de tu mente para descubrir el origen de tus enfermedades y poder cambiar las creencias (códigos de verdad) que hacen que la enfermedad se manifieste en tu existir. Enfocarte en lo positivo es la mejor medicina para el cuerpo. Y ser positivo es llevar el amor a la máxima expresión que es Dios.

Así que a medida que vas eliminando tus toxinas mentales vas también atrayendo a tu vida todo lo mejor. Concentra tu atención en la abundancia, la felicidad, las buenas acciones, la alegría, en el reír, en la plenitud, en el dar.

El poder de tu mente es muy grande pero si no lo usas con amor se convertirá en una arma que antes de destruir a los demás te destruirá a ti mismo. Así que abre los ojos de tu interior y ejercita tu mente. Dios esta contigo. Una voluntad fuerte es la que necesitas para perseguir y alcanzar tus sueños. Realiza acciones que te conduzcan con humildad en la realización de tus metas. Dios ha puesto en tu corazón sueños muy grandes. Dedícate por completo para que se hagan realidad. Lo que transforma lo imposible en posible es tu fuerza visionaria. Tu fe puede cambiar todo a tu alrededor.

Vive tus sueños

"Yo te voy a instruir, te enseñaré el camino,
te cuidaré, seré tu consejero."

(SALMOS 32,8)

Tu motivación para vivir depende de tus sueños y de las metas que quieres alcanzar. Un sueño es una meta. Tus metas surgen porque hay en ti felicidad, alegría y amor. Con estos ingredientes positivos se puede soñar constantemente y anhelar conquistar esos sueños. Los sueños son motivaciones que surgen del amor que hay en ti. Es necesario soñar para poder vivir con entusiasmo. Es importante que vivas tus sueños activamente para que estos se reflejen en tu vida cotidiana. De esta manera evitarás la ansiedad y la desesperación. Conquista tus sueños pensando en ellos; diseñando estrategias que te lleven a convertirlos en realidad. Dios guía al que sueña por un mundo mejor, lleno de armonía y de paz.

Tus pensamientos trabajan en un campo de visualización de manera activa, consciente o inconsciente. Es un proceso que no se detiene y que se va modificando continuamente a medida que tus pensamientos cambian. Para lograr el éxito en la vida se requiere visualizar, atraer imágenes que contengan tus anhelos, tus propósitos.

Cuando pienses en lo que quieres no te preocupes si tienes o no dinero. Los sueños no dependen del dinero. Más bien el dinero viene a ti cuando tu estas concentrado en lo que quieres alcanzar. Si mis sueños hubieran dependido del dinero nunca hubiera tenido todo lo que tengo.

Creo en lo que quiero y Dios me lo concede. Así es como trabaja Dios, ayudándote para que obtengas lo que buscas, lo que pides. Nunca dudes de la abundancia que Dios tiene para ti. Al dudar, tus sueños se debilitan, pierden fuerza, no logras enfocarlos y tu vida se llena de angustia y frustración.

Cuando dejas que un pensamiento de duda entre en tu mente, tu fuerza realizadora se debilita y se posterga. Tienes que eliminar toda duda. La duda se produce cuando otros pensamientos contrarios a tus objetivos se infiltran en tu mente y tus creencias pierden equilibrio. Cuando una duda aparezca en tu mente inmediatamente coloca un pensamiento contrario para que regreses a tu centro de realización. Piensa y siente tus pensamientos. Haz que tu cuerpo se estremezca tan sólo al visualizar tus metas. Estar motivado es un síntoma de que estás concentrado en lo que quieres.

El tiempo no existe cuando se persiguen los sueños. No te excuses de que no tienes tiempo para nada. Esas frases provienen de una falta de interés hacia las cosas o personas. Cuando alguien le interesa algo automáticamente surgen los espacios y los tiempos para lograr su cometido.

Toda visualización te lleva a un comportamiento físico y emocional acorde a lo que estas enfocando. En el Reino de Dios no existe el tiempo ni el espacio. Todo lo que anhelas ya existe en tu presente, es cuestión de que lo enfoques y lo recrees en este instante. Dios tiene todo para ti. En el momento que tu visualizas lo que quieres Dios te lo da. Tienes que confiar en el Señor y creer que lo que sueñas y anhelas ya esta en tu vida en este momento. Si confías en el Señor, recibirás bendiciones con gratitud pues te darás cuenta que fluyen directamente de la mano de su Divina Gracia.

Ejercicio

Cierra tus ojos y respira profundo. Pregúntate. ¿Qué me gustaría hacer y como me gustaría hacerlo? ¿Qué harías si tuvieras 10 millones de dólares en el banco en este momento? Escríbelo. Y después observa e imagínate haciendo todas esas cosas que deseas. Actúa como si los tuvieras. Si realmente lo necesitas, ese dinero te llegará. Pide todo con amor y Dios te lo dará.

"Para Dios, nada es imposible."

(LUCAS 1,37)

CAPÍTULO 15

Sana tu Infancia

"Dejen que los niños vengan a mí y no se lo impidan. porque el Reino de Dios pertenece a los que son como ellos. En verdad les digo: quien no reciba el Reino de Dios como un niño, no entrará en él."
(MARCOS 10,13)

Los primeros 5 años de un infante son los más importantes ya que en este periodo su cerebro se desarrolla a un 90%. Es en esta etapa donde los niños y las niñas forjan su personalidad en un entorno dónde ellos viven llamado "dulce hogar". ¿Lo puedes creer? ¿Sabías que si estos pequeños sufren traumas en esta etapa de sus vidas, esos traumas afectarán su vida de adulto? (Hoy en día millones de adultos sufren las consecuencias de la falta de amor que hubo cuando eran pequeños).

Cuando Jesús nos dice: "A menos que no seas como un niño no podrás entrar en el reino de los cielos" ¿A quién se lo dice? A los pequeños? No. Se lo esta diciendo a todos. No importa la edad que tengas. El Reino de Dios abrirá sus puertas a todos aquellos que son como niños. Ser niño es ser puro, inocente, lleno de luz y alegría. Ser niño es un ser sin ego, sin resentimientos, sin dolor.

Somos seres llenos de amor eterno. Amor ilimitado e infinito. Un amor que nunca muere. Si no lo sientes así es porque tu mente a generado pensamientos negativos construyendo una barrera en forma de presa evitando que tu agua amorosa siga su misión, su cause.

Ese río de agua viva que viene Dios somos nosotros. Somos niños que sonríen a la vida desde que estamos en el vientre de nuestra madre. Niños que contenemos el amor de Dios y que hemos venido a este mundo a manifestar su divina obra. Niños que nunca dejan de existir en nosotros aunque pasen los años y nos volvamos adultos y vivamos con máscaras en un mundo de oscuridad.

Para romper esa muralla de oscuridad necesitamos sanar nuestra infancia. Necesitamos reencontrarnos con nuestra niña o niño interno y rescatarlos de esa oscuridad dolorosa.

"Él sana los corazones destrozados y venda sus heridas."
(SALMOS 147,3)

Los niños habitan en nosotros los adultos; nunca se han ido. Están ahí, posiblemente escondidos, agazapados, encarcelados por el ego.

Alguien dentro de ti vive. Es un niño(a) que antes de ser abusado, golpeado y castigado, se sentía libre y feliz en su infancia pero que ahora, en su etapa adulta está escondido, lastimado, espantado y triste.

Tenemos que buscar a ese pequeño ser y rescatarlo. Si liberas a tu niño(a) liberarás tu vida de adulto. Recuperarás tu inocencia, tu espontaneidad, tus risas, tu alegría de vivir.

Tu niño(a) contiene dentro de si mucho talento, con ganas de jugar y ser feliz. Hay muchas razones por las cuales necesitamos estar en contacto con ese niño(a). Una de ellas es porque muchas de nuestras quejas y culpas las hemos descargado contra él o ella. Por eso es importante retroceder en el tiempo y darnos cuenta que todos estos abusos pueden ser sanados.

El adulto es la pared, es la máscara que no permite ver la esencia de ese niño.

Para sanar y rescatar a tu niño(a) se requiere de hacer constantes viajes al pasado. Se requiere entrar en ese túnel oscuro y buscar en el baúl de los recuerdos. Se requiere trabajar diferentes dinámicas para que la infancia sea re-diseñada. Al llegar al origen, a la fuente de la información emocional, tendremos oportunidad de cambiar el concepto, la interpretación de la experiencia vivida. Pondremos nuevos valores a lo sucedido y haremos que las cargas negativas se conviertan en positivas. En este proceso de sanación interior, es importante la presencia de Dios y una gran disposición de tu parte para poder descubrir todo secreto oculto, exponerlo y liberar el dolor a través del perdón.

ORACIÓN

"Señor, abre mis puertas internas
para que nada oculto haya en mi.
Vengo a ti, Divina Presencia,
con humildad y sencillez,
con ternura y devoción.
Enséñame el camino y la verdad,
para que ese niño(a) que está en mi,
reconozca el amor y entregue su corazón a ti. Amén."

CAPÍTULO 16

El Amor es Real

**"Son válidas la fe, la esperanza y el amor; las tres,
pero la mayor de estas tres es el amor."**
(1 CORINTIOS 13,13)

Dios es amor y tú eres hijo de Dios. Por consecuencia, estás hecho de amor. El amor es parte de tu naturaleza y amar es la manifestación de ese amor que hay en ti. Tus acciones en tu vida reflejan que tanto estas dejando fluir ese amor dentro de ti. Si no suceden experiencias positivas en tu presente es porque no estas amándote.

El amor es tu luz interior que esta conectada con Dios. El amor es la fuerza divina que fluye y proviene del amor divino. El amor es más poderoso que el mal porque sólo el amor es real.

El amor es lo único real lo demás es una mera ilusión. Todo aquello que manifiestas en tu vida y que no contenga amor es un invento provocado por tus miedos. Tus miedos se producen en ti debido a la ignorancia en la que te encuentras al no saber o aceptar que solamente eres amor. Cuando vives sin amor no es porque se te haya acabado el amor, es porque lo haz negado, lo haz ocultado, lo has olvidado. Tu ego lo tiene secuestrado en una celda llena de máscaras. Tu amor está ahí adentro. Está en esa muralla, aprisionado y custodiado por su temible guardián: el Ego. La ignorancia, los traumas, los miedos, las interpretaciones equivocadas de tu vida, han hecho que tu amor este condenado por tu ego que es el juez y castiga todo lo que te ha ofendido incluyéndote a ti mismo.

Inclusive tus enemigos simbolizan tu falta de amor. Ellos vienen a ti porque tu los llamas, tu los provocas. Están presentes en tu vida porque al no tener respuestas ni soluciones a tus problemas le declaras la guerra al exterior como si los que te rodean fueran los responsables de tus desgracias. Tus conflictos están cargados de emociones negativas que obstruyen el flujo del amor, creando vacíos y amargura. Esos vacíos están llenos de miedos y resentimientos. Es necesario desbloquear y dejar que el amor cubra la totalidad de tu ser. A medida que uno se eleva hacia la conciencia de Dios, el mal se retira y nos hace invulnerables. El mal adquiere valor en nuestras vidas cuando nosotros permitimos su accionar; cuando no es así, el mal no es nada.

Hay un mundo invisible y otro visible. En el mundo invisible esta toda la esencia del ser. Ahí duerme activamente el propósito de nuestras vidas. En lo visible vivimos limitados debido a que la parte consciente no conoce todo el funcionamiento de nuestra maquinaria. Es así, que lo invisible, lo inconsciente, lo oscuro, contiene el origen divino de nuestra existencia. Si logras conectar lo visible con lo invisible habrás unido el puente que te hará cruzar el abismo y reencontrarte con Dios. Él nos espera del otro lado. Siempre nos espera. Tenemos que hacer el esfuerzo necesario para lograr nuestra fusión con Él. Basta con que tu fe en Él se fortalezca y que tu mente se mueva hacia el camino correcto. Entonces todas tus oraciones fluirán en el río de Dios; en ese río de agua viva que abunda en tu ser y en esa abundancia, no habrá límites ni obstáculos para que tus deseos y tus sueños se hagan realidad.

Cuando amas vives en una realidad diferente en una vida diferente. Cuando amas la gente te mira diferente. Te sienten diferente. El amor que surge de ti hace que todos los que te rodean perciban su luz. Cuando vives en el amor nada es imposible. El amor te hace renacer cada día lleno de motivación y alegría. Manifestando tu amor las fronteras desaparecen, no hay límites. Tu mente genera pensamientos y acciones positivas. Todo lo que proviene del amor es real y verdadero.

El Amor lo cura Todo

El amor es lo que mueve todo. Sin amor el mundo se destruye, con amor todo se crea. El amor es la medicina perfecta y divina. Para amar hay que sacar de nuestra mente lo negativo. Hay que eliminar toda toxina o contaminante que proviene de los resentimientos y las culpas. Para fluir en el amor que siempre está y estará en ti, tienes que trabajar en el perdón, en el agradecimiento y en la bendición de todo aquello que te causo dolor. Si no rompes las barreras, las murallas que contienen tu esencia divina estancando tu río amoroso de agua viva y eterna, este no podrá correr libremente por su cause. Amar es el origen, el propósito y el destino de nuestras vidas. No hay duda. Y si hay duda es porque hay rencor, hay miedo, hay ignorancia y hay una ausencia de Dios en tu interior.

Cuando tu mente rompe relaciones con Dios, abortas el proyecto de amor por el cual estas aquí y ahora. Tu vida se vuelve frágil y propensa a toda enfermedad. Detrás de cada enfermedad se oculta una ausencia de amor y por lo tanto una ausencia de Dios. Dios sana y libera. Él está contigo siempre esperando por ti con muchas ganas de aliviar tu corazón y alegrar tu espíritu.

Para empezar un proceso de Sanación Interior se necesita de una gran disposición de tu parte. Tienes que enfrentar la enfermedad y no tratar de escapar de ella. Cuando la enfrentas generas conciencia y ves tus padecimientos como una oportunidad para descubrirte y explorar tus emociones. Más que un problema, tu enfermedad puede ser una gran oportunidad para abrir una puerta en tu interior y explorar lugares nunca antes visitados por ti en ese maravilloso universo interno que eres tú. No tienes nada que perder y si todo que ganar.

No gastes tu tiempo quejándote ni hablando todo el tiempo de tu enfermedad. Ocúpate. Trabaja con tu mente. Conéctate con Dios para que juntos, trabajando en equipo, realicen con éxito la cirugía del alma. No permitas que nadie te agobie con sus problemas y que nadie refuerce tu enfermedad con su negatividad. No prestes oídos a aquellos que no quieran tu salud. Aléjate de conversaciones negativas, busca lo positivo y deja que el amor trabaje y sea tu compañero en la recuperación.

Enfócate en ser feliz es el único propósito verdadero en tu vida. Elige disfrutar la vida y amarla con todo. Proyecta una actitud de agradecimiento a Dios y a lo demás para que la enfermedad desaparezca y recuperes tu salud.

Tu sanación se realizará cuando decidas enfocarte en lo positivo y no en la enfermedad.

La enfermedad es un proceso curativo. Durante ese proceso da gracias a Dios por ser ese milagro de vida.

El amor y la gratitud disolverán toda la negatividad de tu vida. El amor y la gratitud pueden separar mares, mover montañas y obrar milagros.

Sanando del Asma

Cuando yo era niño, me diagnosticaron bronquitis asmática. Recuerdo que fue una experiencia muy dolorosa en mi vida. Durante ese tiempo, pase por muchas medicinas y mi madre estaba ahí, velando por mi salud día tras día. Eran momentos muy dolorosos, llenos de pastillas, inyecciones, enemas, fiebres y vómitos. Era una pesadilla que no tenía para cuando terminar. Con tan poca edad era difícil para mi cuestionar, juzgar, acusar a alguien de mi situación. La inercia de la vida me tenía ocupado en ese presente tortuoso. Durante ese largo proceso de sanación que duró casi hasta la edad de 12 años, me acompañaba Dios y mis fantasías de jugar en un mundo libre de enfermedad. Un mes en cama otro en la escuela. Era muy intermitente y frágil mi salud. Pero había algo que no me dejaba morir: mi amor a la vida, mis ganas de jugar como los demás niños, de poder comer lo que quisiera sin temor de recaer. Transcurrieron los años de mi infancia y entrando a mi adolescencia tuve la oportunidad de sanar. Mi madre tuvo que hacer un viaje de emergencia a otra ciudad. Me dejo encargado con mis hermanos mayores para que vieran por mi. Una semana sin mi madre fue suficiente para que mi vida diera un giro de 360 grados. Mi hermano mayor al no tener esa excesiva preocupación por mi, me dejó hacer lo que yo quisiera. Entonces empecé a jugar bajo la lluvia, a caminar descalzo por la casa, a correr sin temor a caerme, a ir a la escuela caminando y cruzando las calles yo solo. En fin, fueron tantas cosas intensas de cierta libertad que aunque las viví sólo por siete días para mi fueron una eternidad. Cuando regresó mi madre de su viaje, se dio cuenta de que ya no había síntomas de la enfermedad asmática y entre enojos y reclamos hacia mi hermano tuvo que reconocer que un milagro había sucedido en mi y eso la llenó de alegría. A partir de ahí mi vida se volvió más independiente y mi cuerpo se sintió más seguro y alegre. Al paso del tiempo descubrí que lo que yo padecía era un tipo de enfermedad psicosomática que se originaba de la relación con mi madre. Cuando nací, mi familia estaba en crisis económica y emocional. El estrés era demasiado y mi entorno era muy hostil. Pero sobre todo el miedo que provocaba esa situación me hacia vivir con la enfermedad del asma. La dependencia emocional con mi madre fue muy fuerte y la única manera de expresar mis emociones era a través de la enfermedad. Todo esto creó una forma de vivir muy frágil, llena de miedos. Si mi madre me decía, "no salgas porque esta lloviendo te vas a enfermar," me enfermaba. Si ella me decía que no hiciera o comiera algo porque me enfermaría, esto llegaba a suceder. Las frases de mi madre se volvían como maldiciones en mi débil autoestima. Hasta que tuve la oportunidad de demostrarle y demostrarme que podía liberarme de esa enfermedad y sanar. No tenía tiempo para estresarme. Sabía que el estrés era lo peor que me podía pasar en mi proceso de curación. Hoy en día mis momentos de estrés los elimino caminando, nadando, corriendo, estando en oración, jugando con mis hijos, relajándome y dejando que Dios actué en mi cómo guía de sanación.

Para Dios no hay enfermedad incurable. Detrás de cada enfermedad lo único que hay es un capricho producto de una idea negativa hacia la vida. Tu puedes eliminar tus enfermedades "incurables". Recuerda que todo parte de tu mente. Dios quiere sanar tu mente, quiere que te conectes con ÉL en el amor, en la paz y en la alegría. Déjate llevar de la mano de Jesús. Recuerda que el es el camino, la verdad y la vida. Si te aflige algo, hazlo pequeño en tu mente y no le des importancia. Ocúpate no te preocupes. Enfócate en lo que puedas dar y no en lo que no puedas. ¡ Y hazlo!

ORACIÓN

"**Señor Jesús,
te pido desde lo más profundo
de mi corazón,
que me ayudes a sanar.
Renuncio a todo resentimiento y pensamiento negativo.
Señor Jesús entra en mi mente y condúceme,
llévame a lugares de paz
para que mi cuerpo sienta alivio.
Señor mío, caminaré contigo en esta enfermedad
y tu amor me protegerá de todo mal,
porque se que tu me sanarás.
Amen.**"

CAPÍTULO 17

Asume tu Responsabilidad

"Porque cada uno llevará su propia carga."
(GÁLATAS 6:5)

Dios es el dador de vida y el amor es el cable que nos conecta a Él, lo cual hace que todo en esta vida tenga significado, un propósito. Cuando asumes tu responsabilidad, asumes el control de tu vida y esto te permite que hagas conciencia de tu enfermedad.

Muchas personas se consideran víctimas en la vida y suelen culpar a su pasado, quizás por haber tenido un padre o una madre que los ha maltratado. Cuando suceden en tu vida infortunios y decepciones, tu mente se cubre de oscuridad. En esa oscuridad surge una víctima: un personaje herido que acusa a Dios y al mundo de sus desgracias. Es aquí donde tu vida se alimenta y se envenena de sufrimiento y rencor. La víctima surge producto del dolor y del miedo.

Cuando crees que eres una víctima de los demás, tu vida se siente amenazada y tus pensamientos interpretan de manera equivocada. El temor te hace frágil, vulnerable, atrayendo a tu vida situaciones trágicas, situaciones llenas de sufrimiento y ansiedad. Vivir en temor es tener una vida cargada de dudas y deudas emocionales. Sino es el miedo, es la culpa la que va bajando tu autoestima y de esta manera cruel te conviertes en tu propio verdugo y por consecuencia surgen las enfermedades.

Las personas que son víctimas y padecen una enfermedad suelen hablar de ella todo el tiempo. Piensan continuamente en ello y la verbalizan todo el tiempo. Una persona que es víctima pierde responsabilidad de su enfermedad y acusa a los demás de su padecimiento (hay personas que hasta llegan a culpar a Dios por su desgracia). Si te enfermas es porque esa ha sido tu opción. Estas prestando tu atención a la enfermedad y de esta manera la reafirmas en ti. Asume tu enfermedad y se consciente de que tus pensamientos son el responsable de ese estado en el que te encuentras.

Tu puedes cambiar tu vida y sanar. Es hora de que asumas el control de tu existencia y dejes de ser la víctima de ti y de los demás. Cuando logres esos cambios nunca los olvidarás y se archivarán en el lado positivo de tu vida y servirán para alimentar tu autoestima cada día.

No puedes seguir arraigando ideas de víctima. Dios te ha revelado el camino la verdad y la vida. No te resistas, asume tu vida y entrégate al propósito de Dios.

Toda enfermedad es un mensaje que viene desde el fondo de tus sentimientos. Hay algo que tu corazón te quiere decir y no se lo permites. Hay un secreto de dolor que esta escondido en un viejo baúl de recuerdos y que no quieres buscar y liberar. A lo mejor esa enfermedad es una renuncia a la vida, a las ganas de vivir. La medicina convencional puede ayudarte hasta cierto punto, pero si tu padecimiento persiste y se aferra más allá de todo tratamiento, tendrás que enfrentarte a tu oscuridad y buscar ese dolor y sacarlo. Dios te podrá ayudar siempre y cuando tengas la motivación de renunciar a lo negativo y vivir en armonía reconstruyendo tu vida con propósitos llenos de amor.

Para dejar que Dios pueda ayudarte en tu sanación tienes que entregar tu voluntad y renunciar a todo orgullo y negatividad. Tienes que abandonar la idea de que eres una víctima y declarar que eres responsable de tus actos. Si piensas que eres víctima estarás entregando tu fuerza a las demás personas y no podrás gozar de tu libertad.

Si guardas rencor o culpabilizas a alguien por algo que te ha sucedido en el pasado, sólo tu te perjudicarás. Tú eres el único que puede crear la vida que te mereces. Eres el único que puede generar en tu interior un sentimiento de armonía y felicidad.

Renuncia a ser una víctima. Asume tu responsabilidad y declara tu amor sobre toda la oscuridad que te rodea. Esta desaparecerá y te darás cuenta de que todo lo que ha pasado en tu vida fue necesario y que detrás de cada caída, experiencia traumática o desgracia hay una bendición.

Expande tu mente y observa tu enojo por dentro. Respira y cierra tus ojos. Recorre tu cuerpo y busca en donde se esconde tu dolor, no lo juzgues sólo préstale atención. Permítete sanar y liberar ese enojo. Llénalo de luz, llénalo de Dios. Jesús no te quiere víctima; te quiere responsable y en victoria.

ORACIÓN

"Dios vive en mi y a su lado todo es perfecto;
Soy feliz recibiendo sus bendiciones a cada
instante de mi vida.
Soy Amor, soy luz.
Dios me cuida, Dios me protege;
Dios me sana y me libera. Amén."

CAPÍTULO 18

Manifiesta tu Amor

"El amor es paciente y muestra comprensión. El amor no tiene celos, no aparenta ni se infla. No actúa con bajeza ni busca su propio interés, no se deja llevar por la ira y olvida lo malo."
(1 CORINTIOS 13,4-5)

Todo alrededor de ti es una manifestación tuya. Incluyendo las cosas que no te gustan. La realidad en la que vives es producto de tus pensamientos y emociones. Dios sólo refleja en la pantalla lo que tú pides proyectar. El autor de la historia de tu vida eres tú mismo. Consciente o inconscientemente, permites, pides y atraes a tu vida lo que necesitas para justificar tu existencia (Adán y Eva decidieron el destino de sus vidas, no Dios). Si tu amor no se manifiesta es porque hay algo que esta dentro ti tapándolo. Ese bloqueo se debe a una negatividad emocional. A lo mejor no sabes de donde viene pero lo más seguro es que esté en tu inconsciente; en esa caja oscura que desconoces y que domina tus acciones. Esa caja oscura contiene la información correcta y precisa acerca de tu vida. Ahí, grabado esta el argumento, la razón por la cual estás manifestando la realidad en la que te encuentras. Para lograr manifestar tu amor totalmente tienes que aprender a estar consciente. Las transformaciones ocurren cuando vas revelando la oscuridad de tu inconsciente. Y de ti depende que tanto eres ignorante o conocedor de tu persona.

Manifestar amor es asumir la responsabilidad total de tu vida. Ser responsable de tus actos, conscientes o inconscientes, te abre puertas para conocerte y descubrir quien eres. De otra manera, pensarás que eres una víctima y te negarás el privilegio de amar plenamente y vivirás acusando a los demás de tu triste realidad.

Jesús dejo ver el verdadero amor: El amor incondicional. El cual ante sus acciones todo se vuelve majestuoso e iluminado. Y es que la grandeza que da la manifestación del amor puro e incondicional hace que realmente nuestras vidas tengan sentido.

Para permitir que tu amor salga y se exprese en toda su plenitud con todo su gama de colores y detalles, debemos alimentarlo con pensamientos positivos. Con actividades que provoquen los buenos sentimientos que hay en ti. El amor que esta inmerso en nosotros (y que nunca muere ya que nuestro origen es amor divino) puede liberarse y fluir en nosotros por medio de pensamientos positivos llenos de armonía.

Por lo tanto debemos enfocarnos en conocer el amor, practicarlo y alimentarnos de el todo el tiempo.

Para manifestar tu amor hay que ir a la fuente, al origen que son tus sentimientos. La única manera de poder triunfar en el amor es entrar en ese túnel oscuro y descubrir el origen luminoso que hay al fondo de esas tinieblas. No temas, no te defiendas ante esa negra inmensidad. Más bien entrégate con amor para que puedas navegar en esas aguas profundas y no naufragar en ellas. Será difícil si sigues pensando que el temor es tu origen. Será fácil si aceptas que el amor es el principio del todo y que en el amor se encuentran todas las respuestas de todo lo que existe. Si crees en el amor y tienes fe, caminarás de regreso por ese mar llevando en tu corazón la luz eterna de Dios.

Observa el Universo. Eres parte de él. Dios lo ha creado para nosotros. Actúa en el amor y viajarás por todo ese espacio infinito. Haz lo que te gusta, porque haciendo lo que te gusta sentirás la felicidad y a medida que abandones todos los pensamientos de limitación, de negatividad, estarás dejando fluir tu esencia. Sólo tienes que buscar en tu interior y reconocer tu perfección, tu inteligencia, tu amor y tu sabiduría.

Tú mereces ser feliz. Haz nacido para aportar algo a este mundo. Ve y construye una vida llena de amor. Dios esta contigo. Él te apoya y se alegra de tus buenas acciones. Tú eres el heredero del Reino. Eres la perfección de la vida. Acepta tu grandeza.

Comparte tu Amor con Todos

"Si ustedes aman solamente a quienes los aman, ¿qué mérito tiene?"
(MATEO 5:46)

La fe de todo aquél que cree en Cristo tiene que estar basada en el amor incondicional. Todo cristiano tiene que experimentar la gracia del amor en su vida diaria y llevarla a la plenitud. La constante práctica del amor incondicional tiene como consecuencia la elevación de tu espíritu, más allá de todo lo terrenal. Te lleva a tocar la Gloria de Dios. A medida que tu amor se manifieste te darás cuenta que no podrás retenerlo. La fuerza cristiana del amor te llevará a contagiar de amor a otras personas. Tu amor se convertirá en un río de agua viva y fluirá sin bloqueos y de manera maravillosa se verterá en la vida de los demás.

Si tu amor no puede compartir es señal de que esta bloqueado, esta amurallado, apresado por el dolor y el resentimiento. Tu nobleza amorosa tiene que ser liberada para que cumpla su misión en esta vida.

Siembra Amor y el Fruto será Grande

"Amen a sus enemigos y recen por sus perseguidores,
para que así sean hijos de su Padre que esta en los
Cielos. Porque él que hace brillar su sol sobre malos y
buenos, y envía la lluvia sobre justos y pecadores."
(MATEO 5,44-45)

Cuando realmente amas es cuando mejor te va en la vida. Y esto lo logras cuando aceptas y apruebas tu persona tal y como es. Cuando te amas, tu cuerpo se convierte en un templo donde habita Dios. Reconoces que Dios te ama y con Él nada te falta, nada te hace sufrir. Todo es dicha y felicidad. Tus hábitos cambian y buscas lo mejor y lo más sano para tu vida. Los milagros se manifiestan cada día debido a ese gozo interno de amarte. Es ahí donde todo lo bueno de ti lo siembras con tu acciones amorosas y obtienes la felicidad que es el fruto más grande en esta vida.

Siembra amor empezando para ti. Cuando te amas a ti mismo, automáticamente amas a los demás. Es imposible que te sientas bien si no te quieres. Es imposible dar amor a tus semejantes sino estás dándote amor a ti. Cuando no estás a gusto contigo, estás bloqueando todo el amor y el bien que Dios te tiene reservado. Cuando te sientes mal contigo mismo, es como si tú mismo estuvieras destruyendo tu vida, rechazando la felicidad.

Amarte significa dejar que el amor eterno que hay en ti te envuelva y te haga sentirte bien.

¿Cómo puedes esperar que otra persona disfrute de tu compañía si tú no disfrutas estar contigo mismo? ¿Te tratas como te gustaría que te tratarán? Si no te tratas como te gustaría que te trataran los demás, nunca podrás cambiar las cosas. Si no te tratas con amor y respeto, estás dando a entender al mundo que no eres lo suficiente importante, ni lo bastante digno o que crees que no te mereces lo que pides. Si te das poco es porque hay en tu interior una idea de no merecer, un sentimiento de culpa que provoca un castigo. Hay un personaje dentro de ti llamado "víctima" que quiere que la gente se compadezca y de esa manera vivir miserablemente. Tus pensamientos negativos alteran tu naturaleza amorosa, rechazando toda abundancia de amor.

Tienes que dirigir tus pensamientos hacia lo positivo para que expulses todo lo que haya en tu interior que no provenga del amor de Dios. Sentirse bien es un síntoma que viene del amor que te das y no tiene que ver con egoísmos. El amor que reciben los demás no es egoísta cuando viene de alguien que se ama profundamente. Nunca es tarde para reconocer el amor que hay en ti.

Obsérvate y date cuenta de que hay muchas cosas positivas en ti. Vuélvete un espectador y siéntate enfrente del escenario. Deja que lo mejor de ti aparezca en escena y alégrate. Llena de aplausos a esa persona que esta ahí arriba mostrando sus cualidades. Esa persona eres tu. Tú eres el actor de tu vida. Muestra lo mejor de ti. Llénate de amor y contagiarás y sanarás al mundo.

Para amarte tienes que crear una nueva imagen de tu persona. Tienes que ver en tu interior las cosas bellas que contiene tu vida. Para amar tu vida tienes que perdonarte a ti mismo de todas esas cosas del pasado que piensas que estuvieron mal y que te hacen sentir culpable de ello. Empieza por tratarte con amor y respeto, déjale saber a tu cuerpo que lo amas. Por consecuencia todo cambiará y tu vida se llenará de personas que te aman y respetan.

"Amarás al Señor tu Dios con todo tu corazón, con toda tu alma y con toda tu mente. Este es el gran mandamiento, el primero. Pero hay otro muy parecido: Amarás a tu prójimo como a ti mismo. Toda la Ley y los Profetas se fundamentan en estos dos mandamientos."
(MATEO 22, 34-40)

El amor es todo. El amor a Dios, el amor a tu prójimo y el amor a ti mismo. No hay nada más importante en la vida que practicar el amor. Por eso es importante lograr que el amor, que esta dentro de ti, salga en abundancia y lo compartas con Dios y con tus semejantes. Todos vivimos por amor y sin el surgen los problemas. Las situaciones negativas aparecen en tu vida cuando el amor no circula en tu entorno. Para saber que tanto estamos viviendo en amor sólo basta con observar la manera en la que amas a tus padres, hijos, esposa, esposo, hermano, enemigo, jefe, empleado, mascota, etc.

Lo que tú das a los demás es lo que te das a ti mismo. Ni más ni menos. Una manera de abrir tu amor es brindarte a los demás.

El más mínimo detalle de amor que brindes a alguien, es el regalo más grande que te haces a ti mismo. Porque de esta manera te atreves a hacer a un lado todo sentimiento negativo y te lanzas a ayudar a alguien que a lo mejor te necesita pero no sabe como decírtelo, como pedírtelo. Da amor a tus prójimos y anímalos a vivir en amor y agradecimiento a Dios.

Cada porción de tu amor que compartas Dios te premiará con abundancia para tu vida.

Ama a tus Hijos

"El fruto de la vida son los hijos. Los padres son el árbol que los hace brotar y los alimenta hasta que maduran."
-Hugo Isaac

Tus hijos reflejan tus virtudes y carencias personales. En ellos se te presenta una gran oportunidad para crecer y triunfar en esta vida. Cuando se es padre o madre lo primero que debes reconocer en ti, es que ese hijo o hija que trajiste al mundo Dios te lo otorgó. Para Dios no hay accidentes. Dentro de cada uno de tus hijos hay un mensaje y un regalo de Dios. Descubre en tus hijos lo que Dios tiene para ti. No pienses que son una carga. Piensa que son parte de algo especial que Dios te ha concedido.

El amor que le das a un hijo no puede ser mayor o menor que el amor que le das a otro de tus hijos. Inclusive, no puede ser mayor ni menor al que le das a cualquier ser humano en este planeta, en este Universo. Cuando amas de verdad, tu amor hacia los demás es igual y no discriminas a nadie.

**"Planten ustedes un árbol bueno, y su fruto será
bueno; planten un árbol dañado, y su fruto será malo.
Porque el árbol se conoce por sus frutos."**

(MATEO 12, 33)

CAPÍTULO 19

¿Quién te condena?

"¿Mujer, dónde están? ¿Ninguno te ha condenado? Ella contestó: Ninguno Señor. Y Jesús le dijo, "Tampoco yo te condeno. Vete y en adelante no vuelvas a pecar."

(JUAN 8, 10)

Toda condena nace y sucede en tu mente, en tus pensamientos. Si alguien te lastimó en tu pasado y tus pensamientos construyeron una imagen de víctima en tu persona, estarás generando una vida presente de debilidad y de carencia.

Si crees que eres víctima es porque sigues sin reconocer a Dios en ti. Cuando actúas como víctima tu mundo se llena de excusas. Una excusa es una manera de no confrontar lo que realmente quieres. Te excusas por que en realidad estas a gusto de la manera en la que estás y no quieres que la demás personas lo sepan. Hay personas que se quejan de su enfermedad pero no quieren hacer el intento por ir al doctor. Esa es una señal que da a entender que esa persona no se esta muriendo y que su único objetivo es que lo vean sufrir pero no sanar.

El sufrimiento es una manifestación emocional negativa que proyecta una persona que no asume la responsabilidad de su vida. Solo sufres cuando piensas y decretas que eres una víctima(víctima de ti, de Dios, de tus papás, de tus jefes, de tu pareja, de tus hijos, de alguien o de algo).

La víctima es un personaje inventado por tu falso yo. Esta falsa identidad es el enemigo numero uno para tu salvación. Es la máscara del ego asumiendo el control de ti, aferrado a escapar y no asumir la responsabilidad. La víctima es el instrumento del ego para construir una seguridad exterior y con ello tratar de calmar la inseguridad interna, el miedo y el temor.

La víctima pertenece al mundo del miedo, del resentimiento. Ella está lejos del Reino de Dios.

Cuanto mayor sea el sentimiento de víctima, más agresivo será el mal. El temor que tengas alimentará a tu ego y este buscará defenderse. Esa víctima que hay en ti, es un invento de tu mente que te aleja del amor de Dios. No podrás reconocer tu divinidad si culpas a alguien de tu situación. No podrás ver la grandeza que hay en ti sino asumes la responsabilidad de tus actos.

Una vez en la televisión pasaron una noticia de que la policía había arrestado a un hombre por haber golpeado brutalmente a su pareja. Esta mujer "víctima de su marido", en un momento de desesperación llamó a la policía y esta no tardó en llegar y arrestar al esposo. El se entregó pacíficamente y fue esposado e introducido en una de las patrullas. Por la televisión se podía observar al hombre sentado en la parte trasera de la patrulla. En su rostro reflejaba una cierta tranquilidad; cómo si no hubiera arrepentimiento en sus acciones y ningún coraje o resistencia ante el arresto. Por otro lado se veía la mujer siendo interrogada por uno de los oficiales. Cuando se le pedió que firmara su declaración para disponer a llevarse a su marido, ella gritó "¡No se lo lleven es mi marido!" El oficial se quedó atónito y le dijo, "¿está usted segura de que no quiere levantar cargos contra él?" Ella reafirmó con más serenidad, "si, estoy segura. El es mi marido y yo lo amo". El final de la historia termina cuando vemos a la pareja abrazados caminando hacia su casa y la patrulla alejándose silenciosamente. ¿Qué es el amor? Ella dijo: "Es mi marido y yo lo amo". ¿Cuantas mujeres en nombre del amor hacen lo mismo? pero, ¿lo hacen por amor?

Hoy en día el significado del amor es relativo. A veces el amor se vuelve siniestro, se vuelve absurdo cuando vemos relaciones que se torturan y se desangran por años y por un lado piden ayuda pero por otro lado no quieren treguas para seguirse lastimando y destruyendo.

Los miedos y las culpas crean a una víctima. El objetivo de la víctima es el auto-castigo y con tal de lograr satisfacer esta condena, es capaz de declarar un amor cuando sólo hay odio detrás de ese amor. Y por si fuera poco es capaz de presumir a su pareja como el príncipe de sus sueños cuando en realidad es su despiadado verdugo.

Esta forma de vida inútil provoca auto-castigos en uno. La víctima se la pasa juzgando y criticando a todos aquellos que protagonizaron su experiencia dolorosa. Una interpretación equivocada de la realidad impide a una persona ver mas allá del juicio y concentra su vida en el sufrimiento.

Si te consideras víctima de la pobreza, de la enfermedad, de tu pareja, es porque no conoces otra forma de ver la vida. Tal vez, en ves de buscar y atrapar a quienes te agredieron, tendríamos que averiguar primero a todas esas personas que tu lastimaste con tu forma de ser, incluyendo a ti misma. Tendríamos que conocer más de tus padres y saber cómo fue que ellos transmitieron en ti experiencias e ideas que te hacen pensar, sentir y actuar de esa manera. Por lo tanto existe una cadena de información ancestral que esta activada en tu mente y que hace que repitas los mismos patrones de víctima. Es necesario cortar esas cadenas por medio del reconocimiento del amor que hay en ti. Ese amor que Dios te dio y que hace maravillas cuando lo activas. El mal puede desaparecer de ti si te enfrentas a él con amor. Recuerda siempre que lo que Dios te ofrece a ti no se compara con nada. Va mas allá de lo que puedas ver, tocar, sentir o paladear. Dios te ofrece lo mejor para ti en todo nivel; basta con que tú reconozcas esa unidad con Él. Depende de ti el dejar ser víctima y convertirte en lo que siempre haz sido: un ser de luz divina responsable de su caminar, de su fluidez. La elección es tuya.

Si decides renunciar a esa víctima, tus conceptos de la vida cambiarán y tendrás la oportunidad de gozar la vida envuelta en el verdadero amor. Empieza por asumir la responsabilidad de tus acciones conscientes o inconscientes.

Nadie te condena, sólo tu con tus acciones construyes una escalera al cielo o creas un hoyo negro de miseria y dolor.

Jesús Sana, Salva y Libera. Búscalo.

"Por tanto, ahora no hay condenación para los que están en Cristo Jesús, los que no andan conforme a la carne sino conforme al Espíritu. Porque la ley del Espíritu de vida en Cristo Jesús te ha liberado de la ley del pecado y de la muerte."

(ROMANOS 8, 1-2)

CAPÍTULO 20

La Felicidad está a tu Alcance

**"Felices son los que tienen espíritu del pobre,
porque de ellos es el Reino de los Cielos."**
(MATEO 5, 3)

La felicidad parece a veces tan inalcanzable que provoca frustración y amargura. En algunas personas se vuelve un reto que en medio de la lucha va generando resentimientos y revanchas. En otras personas el buscar la felicidad, les ha dado la posibilidad de crecer espiritualmente y comprender el verdadero sentido de la vida. Pero la intensa búsqueda de la felicidad hace que la vida se vuelva caótica y destructiva. ¿Por qué? Porque la felicidad no se encuentra afuera de ti. Esta en tu interior. Con frecuencia pones tu felicidad en manos de otros creando apegos y al no ver resultados positivos responsabilizas a los demás de tu infelicidad. La única persona responsable de tu felicidad, de tu estado de dicha total, eres tú. Por eso ni siquiera tus padres, hijos ni pareja tienen control alguno sobre la misma. Simplemente tienen la oportunidad de compartirla contigo. Tu felicidad depende de ti.

De nada sirve tener millones de dólares en el banco si hay un hueco, un vacío en tu mente y en tu corazón. El dinero puede crear estados ilusorios de felicidad, pero el bienestar del alma sólo lo podrás conseguir si tu felicidad es lograda por medio de la unión con Dios. Estando en armonía con Dios, toda la alegría con la que has soñado comenzará a fluir en tu vida: aparecerán las personas adecuadas, los medios para financiar tus metas y los recursos necesarios para ser feliz.

Toda tu felicidad está basada en la fuerza de tu amor. Ese amor divino que proviene del Creador de nuestras vidas. Dios es amor. El amor no puedes contenerlo en un recipiente ni retenerlo en tus manos. La felicidad llega a tu vida como consecuencia de ese amor derramándose en cada segundo de tu existencia. La felicidad es un estado de ser en donde vives lleno de agradecimiento y de gozo.

Tu felicidad esta al alcance de ti. No puedes esperar a que otros te la den. Hay personas que se resisten a vivir su vida en plenitud por el simple hecho de que están acostumbrados a depender de un empleo, de un marido millonario, de una herencia familiar, de una caridad, de una pensión, de un boleto ganador de la lotería.

La abundancia que trae la felicidad es inmensamente grande. Has venido a este mundo para ofrecer algo y para compartir algo valioso de ti al mundo. Es el momento de dejar a un lado toda excusa de edad, de condición, de limitación o incapacidad. Este momento te pertenece y Dios quiere que tu felicidad sea inmensa, sea grandiosa.

Toda lo que viviste en el pasado ha sido un tiempo de preparación para llegar a este momento. El aquí y ahora te pertenece y este momento llega a ti de manera única y especial. Es tu momento con Dios y con la oportunidad de poder transformar tu vida y ayudar a otros en su transformación.

Si renuncias a la felicidad que Dios te ofrece estarás cerrando las puertas de tu corazón y no podrás recibir los hermosos regalos que te esperan.

Deja de presionarte y agradece. Fascínate por lo que eres. Tu vida vale más que todas las cosas del mundo.

A medida de que vayas abandonando todos los pensamientos de limitación y seas consciente de tu divinidad iras experimentando una ilimitada felicidad. La felicidad sólo puede ocurrir en el interior del alma y es ahí donde se realiza el éxito de tu vida. Llegaste a este mundo con un propósito divino: SER FELIZ. No renuncies a Él, no te abandones, no te canses. Anímate, atrévete, no tienes nada que perder y si mucho que ganar.

**"La felicidad interior es lo que en realidad alimenta
al espíritu y te hace tener éxito en la vida".**

HUGO ISAAC

La felicidad se logra cuando tu amor se manifiesta plenamente. Es ahí donde experimentas la libertad al máximo cuando sientes la dicha de vivir y te dan ganas de reír y jugar. La felicidad es un momento maravilloso que depende de ti sentirlo; no de alguien que venga a dártelo. Creando pequeñas experiencias positivas en tu rutina diaria llegarás a provocar cascadas inmensas de felicidad. Basta con que te lo propongas y tomes la iniciativa de vivir bellos momentos. Haz una lista de todas esas actividades que te hacen ser feliz sin necesidad de tener que destruir tu cuerpo y tus relaciones de amor. Pégala en tu refrigerador y procura llevarlas a cabo.

También haz una lista de todas las cosas que haces que no te hacen ser feliz. Pregúntate por qué y reflexiona. Trata de descubrir la verdadera razón de esa infelicidad. Y después piensa y escribe la manera que podrías cambiar esos momentos infelices por momentos felices.

Rie

Una medicina infalible es reír. Al reír le sonríes a la vida, te desprendes de las preocupaciones de manera momentanea, estimulas tu cuerpo y provocas sanación.

La risa atráe la felicidad, libera la negatividad y puede llegar a producir curaciones milagrosas. Rie positivamente. Que tus risas no provengan de tus burlas o sarcasmos. Que vengan de tu inocencia y de tu pureza. Rie a carcajadas llenas de amor y diviértete con tus seres amados.

Contagiate de sonrisas tuyas y ajenas para que tu existencia sea como una vasija dónde se depositan flores frescas cada mañana. La risa hace que tus pensamientos no envejezcan y te mantengan joven. Rie y deja que Dios se encargue de lo demás.

Date permiso. Permítete ser feliz. Convéncete de que estas en esta vida para pasártela estupendamente bien. Afirma:

**Vivo y sonrío cada día;
Dios me anima en cada momento
y Él sonríe cuando yo río
y muestro mi amor".**

CAPÍTULO 21

Vive Aquí y Ahora

"No se preocupen por el día de mañana, pues el mañana se preocupará por si mismo. A cada día le bastan sus problemas."
(MATEO 6,34)

Vivir en el pasado detiene la evolución de la existencia. El presente es el único momento vital en tu vida. Es el aquí y ahora lo que vale. Al estar en el presente tu vida se va recreando constantemente. Vivir en el pasado es aferrarse a un mundo inerte sin movimiento que no evoluciona más porque ya no existe en este instante. Lo mismo pasa con el futuro. Si vives en el futuro tu ansiedad aumentará, no disfrutarás tus momentos actuales y perderás el enfoque y la ubicación de tu vida. También es cierto que si no puedes vivir tu presente es porque tu pasado te tiene atado emocionalmente y de ser así, el mismo pasado te lanza a vivir en el futuro sin vivir el presente. De alguna manera el pasado y futuro están ligados por emociones que muestran insatisfacción. Grandes expectativas se generan en la mente producto de grandes decepciones pasadas. Luchamos día a día por lograr triunfar y superar las carencias de nuestros antepasados pero frecuentemente tropezamos con los mismos obstáculos que ellos enfrentaron. Necesitamos examinar el pasado y saldar toda deuda emocional, resentimiento, culpa o trauma que habite en nuestro interior y de esa manera lograr que nuestras expectativas se cumplan.

Recuerda que ya no eres la misma persona que fuiste en el pasado. Tienes que borrar todo aquello del pasado que no te sirva y desprenderte de él a través del perdón y el agradecimiento.

Vive y deja Vivir

No trates de cambiar al mundo ni a las personas que te rodean. Ocúpate de lo que tu puedas ofrecer a tu vida y a la vida de los demás de manera positiva. Llena de luz a todo ser que te rodee y libéralos de tu interior. Dales gracias y emprende tu viaje diario hacia el infinito dónde esta Dios. Fluye y celebra el amor divino con todo el mundo.

No puedes vivir controlando a los demás. Cada quien tiene una misión en la vida y es su responsabilidad llevarla a cabo. Entrega tu voluntad al Creador y no te sientas frustrado o decepcionado si las cosas no salen como tu quieres o porque las personas no se comportan como tu deseas. Hay personas que con tal de controlar a otras, las llevan a terapias, con sacerdotes, consejerías. En otros tiempos muchas personas fueron castigadas y mutiladas con tal de forzarlas a cambiar y hacer lo que otros querían.

Tienes que dejar a un lado cualquier inclinación de controlar tus relaciones. Cambia la mentalidad de ser dueño o dueña de alguien o de algo por una mentalidad de permitir. Cuando dejes de controlar, te liberarás de frustraciones causadas por aquellos que no actúan de acuerdo a las expectativas dominantes de tu ego.

Vive en Gracia

Vivir en gracia es vivir en armonía con Dios. Tienes que abrir tu corazón para que pueda actuar la Gracia de Dios con toda su riqueza y profundidad. Es preciso ser humildes para que la gracia divina pueda actuar en nosotros, transformar nuestra vida y producir los frutos del bien. A través del conocimiento de la voluntad divina conocemos los caminos que nos tiene preparado nuestro Dios y elevamos nuestras almas fielmente hacia Él.

Vivir en estado de gracia provoca el buen trato de unos a otros. Te convierte en una persona pacifista y afectuosa, no sólo con la familia, sino también con los vecinos e incluso con los desconocidos.

La esencia de la gracia es el amor incondicional. Para que la gracia funcione en ti, tu vida haz de cambiar y para que tu vida cambie, antes haz de cambiar tu conciencia.

La gracia sustituye el mal por el amor. No se puede llegar a ella cuando te sientes una víctima; llena de temores y enfados. La negatividad nos aleja de la gracia. Sin embargo cuando trabajas esa negatividad recuerda que del otro lado te espera una recompensa. El mal no deja un vació cuando desaparece, sino un espacio lleno de Dios. Si vences esa fuerza maligna, la guerra y los conflictos desaparecerán. Vivirás en la Gracia de Dios, sin necesidad de leyes ni castigos y tu recompensa será la Gloria de Dios.

Abre tus sentidos, siente tu cuerpo; respira profundamente. Respira a Dios y siente su Espíritu en tu mente y en tu corazón. Entrarás en un estado de gracia tan perfecto que saldrán de ti destellos de luz infinita. Respira y déjate llevar por Él con todas sus fuerzas. No interfieras. No te detengas, no trates de dirigirlo. Déjalo fluir y ve con ÉL.

Un amor puro tendrá como premio la libertad. Esa es la gracia.

Oración

**"Dios mío, conduce nuestros hogares;
Llénanos de tu gracia para poder amar y respetar la vida.
Protege a nuestras familias,
para que estén siempre unidas
y bendice la educación de nuestros hijos. Amén"**

Vive con Alegría

"Estén siempre alegres, oren sin cesar, y den gracias a Dios en toda ocasión; ésta es, por voluntad de Dios, su vocación de cristianos."
(1 TESALONICENSES 5, 16-18)

Tu virtud esta en aquello que te apasiona. Aquello que hace vibrar en armonía tu existencia. Sentirte bien es un objetivo que debes lograr día tras día. Vivir con alegría hace que todo lo que te rodea, brille manifestándose lleno de amor. Levanta tu ánimo y cuando sientas que tu estado de animo se debilita busca acciones positivas que lo vuelvan a levantar. Cuando te sientas desanimado pon algo de música que alegre tu día. Sal a caminar al parque o la playa. Pasa una hora a lado del Señor. Visita a esas amistades con las que te la pasas bien. Haz de la alegría una actividad constante en tus quehaceres; te sorprenderás de los frutos que dará tu alegría.

Despierta cada mañana con una sonrisa y con agradecimiento a Dios. Alégrate de esta nueva oportunidad de vida que tienes y llena de detalles positivos tus mañanas. Activa tu relación con Dios en cada momento y tenlo presente en tus actividades.

Nunca hagas algo con disgusto. No tendrás recompensa alguna. Si no te gusta lo que haces, renuncia a ello y busca lo que te gusta. Y si no puedes renunciar, busca la manera de convertir esa actividad en algo agradable. Siempre se abrirá una puerta para que puedas disfrutar la vida.

Una vez conocí a una mujer que se había graduado en farmacéutica en una prestigiosa universidad de México. Yo acababa de llegar a los Estados Unidos. Llevaba algunos meses ya establecido participando en la iglesia como Director de teatro de evangelización. Recuerdo que después de haber terminado de dirigir uno de los ensayos de la obra "Marcelino Pan y Vino" me presentaron a una mujer de nombre Graciela. Conversamos por un buen rato y ella me comentaba que estaba un poco triste y desesperada porque llevaba mas de 5 años trabajando en el mismo lugar y no tenía asegurada sus cuarenta horas semanales ya que su trabajo no era de planta. Esto hacía que ella no pudiera aspirar a una seguridad económica, a mejor sueldo, vacaciones pagadas, etc.

Esta situación la deprimía mucho. Y yo le pregunté, "¿Qué carrera estudiaste en México?" y ella me respondió, "Ingeniería Química" "¿Y eso era lo que querías estudiar? le pregunté y ella me contestó "Si, mi más grande anhelo era obtener mi título como profesional y lo logré. Fueron años de mucho estudio y preparación pero siempre me motivé porque sabía que estaba haciendo lo que quería y lo disfrutaba mucho". Recordar sus años universitarios le provocó en su mirada un destello de luz que duro muy poco. "¿Y cómo fue que llegaste a este país?" le pregunté a Graciela y ella me contestó, "Después de que termine mis estudios, cómo una de las mejores de su generación, una amiga que vivía acá en Arizona, me invitó a pasar unas vacaciones. Yo nunca había estado en Estados Unidos. En el llamado país donde los sueños se hacen realidad. Y la invitación me llegaba en un momento muy especial y pensé que iban a ser unas vacaciones muy merecidas y también muy divertidas. Al llegar a Arizona, donde vivía mi amiga Rosalía, los primeros días la pase sensacional: bailes, comidas en buenos restaurantes, visitas al Cañón del Colorado, Las Vegas y Los Angeles. Ella había pedido dos semanas de vacaciones en su trabajo y eso hacia posible que me atendiera y me complaciera en todo. Esas dos semanas fueron inolvidables" "¿Y que pasó después?" le pregunté y ella contestó, "Rosalía regresó a su trabajo y yo me quedaba en su departamento viendo televisión, arreglando el lugar, leyendo, caminando por la calle, esperando que ella volviera para salir a algún lugar. Unos días antes de regresar a México. Rosalía me convenció de quedarme a trabajar con ella. Me platicaba de que a ella le iba muy bien y que lo que ganaba aquí difícilmente lo hubiera podido ganar en el pueblo donde vivía su familia en México. Me decía que Estados Unidos era una gran oportunidad para mi y que podía vivir bien, ganar bastante dinero y en poco tiempo me compraría un auto y rentaría mi propio departamento. Me atrajo la idea y me quedé trabajando con ella pensando que iba a hacer temporal mientras regresaba a México a ejercer mi carrera. Y paso el tiempo y nunca regresé. Eso fue hace ya varios años y aquí sigo". Graciela guardó silencio y de sus ojos empezaron a brotar lágrimas. Entonces le hice otra pregunta, "¿Y tu carrera que tanto te había hecho feliz? Ella llorando me contestó, "Quedó enterrada en el pasado" "¿Y por qué no buscas otro trabajo?" "Es que tengo miedo porque no se si sirva para otra cosa más allá de lo que hago" me respondió destrozada. "¿Y cual ha sido tu trabajo durante estos últimos años? le pregunté y ella me contestó, "cambiar camas en un hospital" Llorando amargamente agregó, "no se hacer otra cosa más que limpiar los cuartos" "¿Te gusta lo que haces?" "No" "Entonces, ¿por qué lo haces?" Porque me acostumbre a ganar el dinero de manera cómoda y fácil. El dinero me alejo de mis sueños y de todo lo que fui en el pasado dejo de existir". Mientras que Graciela lloraba le tome sus manos y le dije "no todo lo que brilla es oro. Tienes que volver ha ser feliz, a rescatar tus sueños y hacer lo que quieres en la vida. Porque una vida sin anhelos es una vida vacía". Nos despedimos con un abrazo y le di mi bendición. Tiempo después, me enteré que había regresado a México y que estaba trabajando en una empresa que la había contratado como ingeniera química. No ganaba mucho pero estaba feliz haciendo lo que realmente le gustaba.

Más del 90% de las personas trabajan en algo que no les gusta hacer. Esto provoca que la alegría de vivir se pierda y que las preocupaciones y la ansiedad crezcan en el interior de uno.

CAPÍTULO 22

Vive en Abundancia

**"El ladrón sólo viene a robar, matar y destruir mientras que yo
he venido para que tengan vida y la tengan en plenitud."**
(JUAN 10,10)

La sociedad en su carrera consumista ha creado una gran mentira que
se ha infiltrado como un virus en nuestras mentes. La mentira de que
nada es suficiente, que carecemos de todo, que tenemos límites y que
somos imperfectos. Bajo estos conceptos el virus social nos convierte en
seres egoístas, miedosos, avaros, llenos de gula y ambiciones desmedidas.
Ese virus lo hemos heredado de generación en generación. Si no lo
eliminamos de nuestra sistema, nuestros hijos lo heredarán. La posibilidad
de extraerlo de nuestro ser es mínima debido al bombardeo negativo que
viene de afuera y que van alimentando el virus. Pero esa posibilidad de
sanación aun siendo mínima es infinitamente más poderosa que todos los
augurios negativos que la sociedad quiere profetizar para nuestras vidas.

La carencia es una creencia que heredamos de las personas con
las cuales hemos crecido. Es un sentimiento de insuficiencia y de
insatisfacción. No importa si tienes mucho o poco, cuando sientes que tu
vida esta vacía, nada te hace feliz.

Todo tipo de carencia proviene de una falta de reconocimiento
personal. Si tú no reconoces el valor que hay en ti, es porque has estado

acostumbrado a depender del reconocimiento de otros hacia tu persona. Esta dependencia emocional va deteriorando tu autoestima, llevándote a un estado de carencia.

Una persona que se queja de la pobreza es aquella que concibe en su interior una imagen de víctima. Si eres una víctima de la pobreza o de la enfermedad, es porque no reconoces el poder que tienes. Ese poder que como hijo de Dios se te ha regalado.

Contrario a la carencia, la riqueza es un estado mental que proviene de la satisfacción y de la alegría, del auto-reconocimiento y de una alta autoestima en ti. En ese nivel vives plenamente haciendo y disfrutando lo que haces. Amas lo que vives logrando la abundancia interior y exterior.

Es importante que te des cuenta de que tu mismo tienes la llave para abrir la puerta de tu felicidad. Puede ser que dentro de ti se encuentre un niño o una niña lastimado o lastimada. Debido a que no tuvo ese reconocimiento de sus padres. Si es así, tenemos que encontrar esa experiencia dolorosa y liberarla para que después permitas que Dios te reconozca. Para Dios tú eres especial y el te reconoce eternamente.

Dios te ofrece la oportunidad de tener lo mejor en tu vida. Él te ha otorgado la capacidad de elegir que camino tomar, que tipo de vida quieres llevar. La abundancia que Dios brinda es infinita y suficiente para todos.

Si vives desde tu corazón y te propones vivir lo que quieres, harás que la belleza de la vida se plasme en tu vida diaria, segundo a segundo. Dios sabe de tus necesidades, si te enfocas en ellas, el Creador te ayudará para que logres satisfacerlas.

La abundancia material puedes alcanzarla pero sin amor esa materia te convertirá en una ruina espiritual. Si te quejas y te preocupas por el dinero es porque piensas que el dinero es mas importante que Dios. La Creación es una obra maestra de Dios donde nos muestra su abundancia. Cuando te abres a sentir la abundancia de Dios, experimentas el asombro, la dicha, la belleza y todas las grandes cosas que tiene reservadas para ti: buena salud, riqueza espiritual, buen carácter. Pero cuando te cierras con pensamientos negativos, experimentas malestar, dolores, y sientes que es un sufrimiento vivir cada día.

Piensa en la abundancia, cree en la abundancia, siente la abundancia. No permitas que los pensamientos de limitación entren en tu mente y cancelen uno de los regalos más grandes que Dios te ha dado.

Los recursos están al alcance de nosotros, no hay escasez, si la hay en tu vida es porque de esa manera piensas que debes vivir. Es como una persona que sabe que hay posibilidades de trabajo en varias empresas y no hace el intento de llenar una solicitud y se sigue quejando de que no tiene dinero.

Para vivir en abundancia necesitas ser consciente de ella. Necesitas creer en lo que Dios tiene para ti y lo único que Dios pude regalarte es abundancia no escasez. Piensa que es así y siéntelo. Conéctate con esa fuente de abastecimiento invisible que es Dios y a través de tus pensamientos y sentimientos deja que todo la prosperidad llegue a ti.

Dios te concede todo lo que necesitas. Reconoce las cosas bellas y maravillosas que te rodean, bendícelas y alaba a Dios por esos regalos que te da. No desperdicies tu tiempo criticando y quejándote de las cosas que actualmente no son como te gustaría. Tu vida es un gran proyecto de abundancia y ese proyecto lo tienes en tus manos.

La abundancia es parte de tu herencia en esta vida. Es tuya y te pertenece. Más que reclamarla hay que proclamarla. Se reclama lo que no se tiene y se proclama lo que siempre ha sido tuyo. Por lo tanto tus recursos para tener abundancia son ilimitados. Sólo necesitas arriesgarte a dar ese paso decisivo para poder librar todo obstáculo, quitar toda piedra que impida alcanzar lo que te pertenece. Vive tu vida, vive tus sueños y visualízalos constantemente. No tardarán en hacerse realidad. Sólo basta con creer en ese poder ilimitado que hay en tu interior.

"La abundancia es por lo que se es, más no por lo que se tiene."
HUGO ISAAC

Dios es Abundancia

¿Qué es la abundancia? ¿La puedes medir o tocar? ¿La puedes pesar? ¿Quién es más abundante? ¿El que tiene o el que no tiene? ¿El que tiene 10 o el que tiene 9 ó el que tiene 1?

La abundancia no se puede medir, pesar o comparar físicamente. La abundancia se encuentra en el lugar donde se encuentran tus más intimas necesidades. Cada quien vive su abundancia en la manera en que sus proyectos de vida se generan en su mente y en su corazón. La abundancia es hija del amor divino, la carencia es una falta de ese amor divino en tu interior. La negación del amor te lleva a vivir sin abundancia.

El dinero si lo quieres lo tendrás, pero si tu espíritu no está en la luz serás un rico infeliz. Serás un rey con tesoros a tu alrededor pero sólo, vacío y sin amor. Un rico con amor se vuelve una persona humanitaria ayudando al necesitado. Un pobre con amor se vuelve una persona humanitaria ayudando también al necesitado. Los dos están llenos de abundancia y no hay carencias porque en ellas está un Dios amoroso viviendo y actuando en su corazón. Conéctate con Dios y mantén un diálogo directo con Él.

Dios es abundancia. Cuando te abres a sentir la abundancia de Dios, experimentas el asombro, la dicha, la beatitud y todas las grandes cosas que tiene Él reservadas para ti. Pero cuando te cierras con pensamientos negativos, experimentas malestar, dolores, y sientes que es doloroso vivir cada día.

La abundancia es un estado mental que no depende de lo material. Es el ambiente en el cual nuestras necesidades se mueven, habitan. Todo ser tiene lo que merece o necesita. Cada uno de nosotros esta manifestando su realidad en base a sus necesidades. Es difícil pensar que un pobre o un vagabundo está viviendo en abundancia. Pero cuando nos damos cuenta que podemos sobrevivir y que podemos encontrar un estado de paz en medio de nuestras limitaciones, eso nos hace pensar que de alguna manera u otra vivimos con lo que tenemos y nos acomodamos a esa manera.

Hay personas que prefieren ser pobres económicamente ya que de esa manera quitan presiones a su vida. O de esa manera es como saben relacionarse y es la única que aprendieron. La abundancia no puede medirse en dinero ya que la abundancia viene de adentro. Puedes tener mucho dinero y al mismo tiempo sufrir más que el que no lo tiene. Tus preocupaciones, angustias no se eliminan teniendo dinero. El dinero te puede provocar un estado de tranquilidad momentánea pero no va a solucionar tus problemas internos. La abundancia esta conectada a la fuente de tus emociones. Cuando tus emociones son liberadas, tu abundancia se manifiesta en todo lo que te rodea. Es ahí donde te das cuenta que la abundancia parte de tu interior hacia afuera.

Nuestros hijos, por ejemplo, sólo necesitan de su imaginación para crear su abundancia. Hay personas que en su infancia nunca tuvieron un juguete y sin embargo fue abundante debido a su imaginación. En mi infancia no tuve la posibilidad de tener muchos juguetes debido a que fuimos pobres. Y sin embargo mi abundancia se daba en el momento de que los zapatos de mis hermanos, los tubos para el cabello de mis hermanas, los naipes de mi papá, se convertían por medio de mi imaginación, en barcos, cañones, personajes salidos de la naipes. Yo pasaba unos momentos llenos de felicidad y por supuesto de abundancia.

Mi imaginación liberaba mis emociones y creaba esos momentos de realización.

A veces cómo papás confundimos la abundancia con el "llenar huecos o vacíos". Es ahí, donde teniendo mejor economía, los padres queremos comprarles todos los juguetes de la tienda a nuestros hijos y nos desorientamos perdiendo el sentido de la abundancia.

Tu necesidad crea tu abundancia. Todos estamos en este mundo mereciendo una abundancia determinada. Si no tenemos más de lo material es porque no sabemos o no queremos generar otro tipo de necesidad en nosotros. A veces nuestras necesidades sólo llegan a pagar los gastos del mes. Pero si hay una emergencia de salud, o un accidente, o debes ayudar a alguien, nuestra necesidad cambia. Es ahí donde surgen eventos especiales en nuestras vidas, es ahí donde inclusive se manifiestan los milagros. ¿Por qué? Porque decidimos generar nuevas necesidades. La necesidad es la que provoca la abundancia. Si no necesitamos ese algo nunca lo vamos a obtener. Cuando uno piensa en uno mismo generas una abundancia especifica para esas necesidades. Cuando pensamos en ayudar a la humanidad generamos otra abundancia. Ninguna es más que otra. Sólo que uno decidió dar más y por lo tanto su necesidad es más grande y su abundancia es diferente.

Cada uno de nosotros tenemos lo que queremos. Sino estás a gusto con lo que tienes es porque tus emociones están bloqueadas; por tal motivo tu vida no encuentra un canal para plasmar su abundancia y su prosperidad.

Para provocar tu abundancia tienes que empezar con expresar lo que eres, lo que sientes, lo que necesitas. Una vez que descubras quien eres y que hagas lo que te hace sentir bien, nacerán en ti nuevos sueños, nuevas metas, nuevas alegrías. Ya que cuando vives en completa abundancia todo tu presente se vuelve espontáneo y fluyes en un río de acciones no planeadas donde la vida se convierte en una aventura amorosa.

"Porque yo sé muy bien lo que haré por ustedes; les quiero dar paz y no desgracia y un porvenir lleno de esperanza."
(JEREMÍAS 29,11)

Todo lo que te rodea en estos momentos en tu vida, incluyendo las cosas que no te gustan, lo has atraído tú. Es difícil entenderlo ya que en el pasado aprendimos de manera equivocada, que todo lo que nos pasa es por culpa de otras personas, por culpa de la mala suerte, de embrujos o maleficios. Hemos aprendido que la manera que debemos vivir es la manera de una víctima.

"Es más fácil culpar a alguien de nuestras desgracias que agradecerle a alguien de nuestras fortunas, de nuestros éxitos."
HUGO ISAAC

Éste es uno de los conceptos más difíciles de comprender, pero una vez que lo entiendas y aceptes, podrás transformar tu vida. Dios es una fuente generosa que nunca se queda sin dones para ofrecer y no pide nada a cambio. La generosidad de Dios es infinita.

La abundancia es un flujo de agua que surge de Dios y corre por todo tu interior desbordándose en tus acciones y en tu vida material. Haz una lista de aquellas cosas que significan para ti la abundancia de tu vida. Por ejemplo, tu abundancia puede ser tener salud, amigos, familia, felicidad, dinero, casa, carro, etc. Todo ello será posible en tu lista siempre y cuando lo pidas desde el fondo de tu corazón y con tu mente abierta para recibirlo. Todo dinero que necesites lo tendrás si así lo deseas; sólo aprende a pedirlo sin egoísmos y bendícelo cuando lo tengas.

Eres el heredero del Reino. La abundancia es tu derecho de nacimiento y tienes la llave para toda la abundancia (en todas las áreas de tu vida) que puedas llegar a imaginar. Te mereces todas las cosas buenas que desees y Dios te las concederá. Tú tienes la llave. La llave son tus pensamientos y sentimientos. Esa llave la has tenido siempre en tu vida.

Primero debes buscar la felicidad, la paz interior. Después tienes que visualizar lo que que quieres tener en armonía con Dios y con los que te rodean. Todo lo que pidas Dios lo manifestará en tu vida.

Todo lo que queramos obtener en la vida requiere de un proceso interno. Es un ejercicio mental y espiritual donde trabajan tus emociones y tus sueños de realización. Todo lo que afuera se manifiesta en tu vida es consecuencia de ese trabajo interior. Hay que pensar y sentir profundamente, hay que enfocar lo que uno quiere alcanzar. Hay que guiar nuestros pensamientos y emociones de manera constante hacia ese objetivo. Tienes que enviar todas tus oraciones como rayos solares a esa semilla que representan tus sueños para que el agua sagrada de Dios haga su trabajo de realización. Enfócate en la abundancia, en la prosperidad y deja que el Todopoderoso colabore en el gran plan de tu vida.

Haz una lista de aquellas cosas o actividades que te gustaría tener o hacer; vuélvelas a leer meditando cada una de ellas. Obsérvalas e imagínatelas.

Para vivir en abundancia tienes que enfocarte en la presencia divina que hay en tu interior. Siéntate en silencio un momento. Enfócate en tu interior y poco a poco Dios empezará a revelarse en ti. Empezarás a experimentar sentimientos de amor puro y de belleza. Ahí esta la perfección; esa presencia es la perfección de ti. Esa presencia es tu verdadero Yo. Ahí, estarás conectándote con la fuente de Dios y todo en tí estará en paz, en armonía y en plenitud.

Pide y se te Dará

"Mientras ustedes permanezcan en mí y mis palabras permanezcan en ustedes, pidan lo que quieran y lo conseguirán. Mi Padre es glorificado cuando ustedes producen abundantes frutos: entonces pasan a ser discípulos míos."

(JUAN 15, 7)

Toda la creación surge del pensamiento de Dios. El Universo se manifiesta en el momento en que Dios lo desea, lo pide. Dios a través de su pensamiento creó toda existencia.

No sólo tus oraciones llegan a Él. Todos tus pensamientos por más silenciosos y secretos, Dios los recibe. Jesús en el Sermón de la montaña nos da a saber los signos de poder:

Él nos dice, "pide y se te dará". Ya sea que pidas consciente o inconscientemente todo lo que pidas lo recibirás.

Si tus pensamientos son negativos recibirás cosas negativas; si tus pensamientos son positivos recibirás cosas positivas.

Dios nos dio el libre albedrío para llevar a acabo nuestras vidas. Ese libre albedrío no sólo es una capacidad para tomar decisiones, sino también para atraer todo lo que necesitamos. Atraemos lo que pensamos. De esta manera nuestras acciones se vuelven infalibles gracias a la capacidad que tenemos de manifestar nuestros pensamientos en la vida material. Si tú piensas que necesitas amor encontrarás a alguien que te amará; pero si necesitas matar a alguien, automáticamente llamarás a tu vida a personas que alimenten este pensamiento y te ofrezcan los medios para hacerlo. Empezarás a conocer personas que han matado o que necesitan matar.

Dios te da lo que pides, lo que deseas. No puedes gobernar los destinos de nadie pero si puedes manejar tu propio destino. Dios te da exactamente lo que quieres. Por eso es necesario saber cuales son tus más íntimos deseos inconscientes y cambiarlos si son necesarios.

Cuando mi esposa Glenda quedó embarazada de mi segundo hijo, ella decidió tenerlo en nuestra casa. A ella le habían platicado de la opción de dar a luz a nuestro bebé de manera natural y que el parto lo podía hacer en una pequeña piscina. Al principio muchas amistades se espantaron de nuestra idea. Gracias a la petición que le hicimos a Dios, empezaron a surgir en nuestras vidas, personas que ya habían vivido este tipo de experiencia. Mientras que para algunas de nuestras amistades se les hacía descabellado que Glenda tuviera su bebé en el agua, aparecieron otras personas que nos apoyaron y nos motivaron para hacerlo de esta manera. A pesar de que el costo de este proyecto era muy alto y a pesar de que no contábamos con el suficiente dinero, Dios nos abasteció de muchas maneras. La doctora que se encargó de todo el proceso, nos dio facilidades de pago al mes, mientras que por otro lado, otras familias nos ayudaban con donaciones. Al final logramos lo que anhelamos. Dios nos escuchó y fue un nacimiento hermoso el de mi hijo Zhenya Isaac. Nació en el cuarto de nuestra casa en una pequeña piscina llena de agua y llena de amor.

El pedir es la manera en que el ser humano muestra su necesidad y la propone a Dios y a las personas. Uno pide porque tiene que satisfacer día tras día muchas necesidades existenciales. Consciente o inconsciente, segundo por segundo, estás pidiendo algo. En el pedir, Dios nos ha dado la oportunidad de edificarnos en su Gloria o destruirnos en la miseria espiritual. Si pides cosas buenas tendrás cosas buenas; pero si pides cosas malas tendrás cosas malas.

Todo lo que pidas pídelo con fe y con amor. Tu fe es la confianza en Dios para llevar a cabo lo que pides. En el amor, nuestras peticiones hacen que las cosas que pedimos, surjan de lo invisible y se hagan visibles. Toda petición tiene su momento y tienes que tener paciencia y concentración. Todo lo que has obtenido en tu vida es porque tu interior lo ha pedido. Consciente o inconscientemente el espíritu se mueve en el canal de la realización. Es por eso que si conociéramos más nuestro interior, podríamos no sólo dejar de ser víctimas, sino también tener más elementos creativos para construir vidas alegres y perfectas.

Dios es el suministro y el suministrador universal de todas las cosas. Todo procede de Dios y te llega a través de las personas, circunstancias y acontecimientos. Dios atrae a tu vida todo lo que tu pides y necesites siempre y cuando tus deseos estén fundamentados en el amor. De lo contrario todo tus peticiones negativas llegarán a ti no por Dios, sino por tu ego que es tu único enemigo, tu único mal.

Cuando pides, sientes y crees, siempre recibes. Hay una reserva ilimitada de ideas esperando a que sintonices con ellas para poder manifestarse. Tu mente lo contiene todo.

Siempre que recibes algo, recuerda que has sido tú quien lo ha pedido. Enfócate sólo en tus sueños, en tus visiones. Recuerda que eres un ser divino y que eres eterno. Tu inteligencia viene de Dios. El apoya lo bueno en ti. Pide de manera amorosa y verás los milagros que llegarán a tu vida. Se consciente de lo que pides y pide cosas buenas para tu vida.

"Pide abundancia, pide alegrías, pide respeto, pide tranquilidad y todo se te dará porque Dios es el proveedor."
HUGO ISAAC

La creación se produce constantemente también en nosotros. Cada vez que tienes un pensamiento estás generando un proceso creativo. Por lo tanto, todos tus pensamientos son los creadores de tu realidad.

El pedir es el motor de tu vida. Pero hay que saber pedir o por lo menos saber que la vida te ofrece dos caminos para que tu petición se realice, EL BIEN O EL MAL. Tus pensamientos son peticiones. Una idea genera una emoción que crea y materializa. Si piensas que eres infeliz, infeliz serás. Si crees que eres amor, lleno de amor vivirás. Todo lo que le permites a tus sentidos por medio de la música, conversaciones, comida, videos, programas de televisión, canciones, es el reflejo de tu interior. Todo esto muestra tu estado emocional. Si ves violencia en películas es porque hay una parte interior que esta pidiendo violencia. Recuerda que somos lo que comemos, vemos, hacemos, escuchamos, hablamos.

Dios nos creó con un potencial ilimitado. Todo el Universo que ves afuera esta dentro de ti. Por lo tanto si el Universo es infinito tu también lo eres. Tu pensamiento de limitación es una idea que te infiltraron tus antepasados. Ideas que fueron pronunciadas y que sentenciaron tu personalidad y tu forma de vida. Sólo existe limitación en tu mente. Cambia tu creencia y acepta que eres ilimitado. Verás grandes cambios en tu vida y muchas cosas que parecían imposibles, estarán realizándose en tu vida en un corto plazo.

Nada es limitado. Tu mente te limita porque no sabes manejarla. Tu mente se encierra en la celda de la ignorancia y del miedo. Para abrir tu mente requieres de un proceso en dónde el amor y Dios son las llaves que abren tus puertas, rompen cadenas y hacen que tu mente se conecte con lo ilimitado de tu naturaleza infinita. Experimentar un nuevo mundo dentro de ti, es invocar al amor que viene de Dios. Y no lo olvides: eres hijo del amor.

"Sólo cuando nos enfrentamos a los límites de lo que podemos hacer, nos damos cuenta del poder de Dios."

HUGO ISAAC

CAPÍTULO 23

Vive sin Apegos

"Si quieres ser perfecto, vende todo lo que posees y reparte el dinero entre los pobres, para que tengas un tesoro en el Cielo. Después ven y sígueme."
(MATEO 19,21)

Un espíritu está atrapado cuando la mente contiene ideas de esclavitud, de represión, de duda. A donde vaya ese espíritu se sentirá encarcelado y no será feliz. Nada lo hará sentirse bien y satisfecho. Aunque tenga mucho dinero vivirá en tinieblas, sufriendo con gritos ahogados en su cárcel silenciosa. Es el momento de que abras los ojos de tu alma, que mires con intensidad todo lo que te rodea. Dios te necesita y tu a Él. No detengas el proceso de liberación que ha empezado en tu mente. Trabaja diariamente en abrir puertas para que entres y descubras lo que Dios tiene guardado para ti.

El ser humano tiende a apegarse a las cosas, a las mascotas, a las personas. Hay una tendencia al apego ya que sentimos o pensamos que lo que nos puede dar estabilidad, esta fuera de nosotros y no adentro de nosotros. Los miedos que habitan en tu interior hacen que te conviertas en un ser frágil y dependiente. De esta manera vas perdiendo tu fuerza interna y tu calidad de vida disminuye dramáticamente. Para ser libre tienes que desapegarte, tienes que no depender de nadie y entregar tu vida a Dios.

Jesús es tu equilibrio, tu único apoyo incondicional y sin codependencias. Cuando te apoyas en alguien que no sea Dios, pierdes el equilibrio.

Tienes que renunciar a las posesiones, placeres, orgullos y necedades del ego. Vivir en humildad aprendiendo a disfrutar los pequeños y simples momentos que te brinda un nuevo día.

> **"Junten tesoros y reservas en el Cielo, donde no hay polilla ni óxido para hacer estragos, y donde no hay ladrones para romper el muro y robar."**
>
> **(MATEO 6,20)**

No acumules tesoros y los resguardes. Comparte tu abundancia de manera sabia. Camina con Dios en la realización espiritual de tu vida y no ambiciones lo material al menos que sea para una buena causa o para darle un beneficio a la humanidad. Que tu placer sea el de VIVIR PARA SERVIR.

Tu cuerpo es tu Templo

Tu cuerpo es el templo de tu alma. No un basurero. Alimenta tu cuerpo de comida sana y no lo intoxiques con sustancias que destruyan tu organismo. Eres vida, ostenta la vida y ejercítala. Camina, corre, salta, muévete y conecta tu cuerpo con la naturaleza. Dale salud a tu cuerpo, no lo envenenes.

Renuncia a las amistades negativas, a los juegos violentos, a los programas de televisión que promueven la separación, el chisme, la desconfianza, la envidia, los celos y la destrucción.

Que tus oídos elijan escuchar canciones que inciten a amar no a odiar. Canciones que te provoquen felicidad y no que te hagan sentir miserable.

Renuncia a todo aquel alimento que contamine tu cuerpo.

> **"¿No saben que su cuerpo es el templo del Espíritu Santo que han recibido de Dios y que está en ustedes? Ya no se pertenecen a si mismos."**
>
> **(1 CORINTIOS 6,19)**

Vive sin Juzgar

"No juzguen a los demás y no serán juzgados ustedes. Porque de la misma manera que ustedes juzguen, así serán juzgados."
(MATEO 7,1-2)

El ego fomenta la envidia, la ira y la discordia. El ego y la necesidad de importancia sólo crean conflictos y son alimentados por nuestro ser mundano. "No tener ego" significa no tener problemas. Tener un gran ego significa tener graves problemas.

Cuando se vive en carencia, en limitaciones, en estados de víctima, una persona pasa más tiempo juzgando a los demás. El juzgar es el resultado de una insatisfacción interna, de una inestabilidad emocional que demuestra que esa persona no esta a gusto con lo que vive y por lo tanto no es feliz. Hay personas que acostumbran en sus conversaciones a hablar negativamente de los demás. Al hacerlo, están menospreciando y desvalorizando al prójimo. Es más fácil destruir a una persona con tu comentario que hacerla ver bien a través de una crítica constructiva. El quinto mandamiento es "No matarás", cuando juzgas, "asesinas" las cosas buenas que hay en una persona y cometes pecado. Al juzgar reflejas tu situación interior y muestras de que manera tu vida esta siendo condenada, cargando culpas, resentimientos, complejos y demás. Cuando juzgas ofendes y dejas ver que aquello que juzgas es lo mismo que acusas de ti. Sólo Dios tiene el derecho a juzgar, nosotros no.

Debemos superar la costumbre de juzgar. Cuando estés tentado a decir que alguien es malvado, acepta ese juicio negativo como propio y luego expúlsalo de tu cuerpo y de tu mente.

Busca a una persona que hayas juzgado mal y envíale un detalle de luz y de amor. Recuerda que todos tenemos una parte amorosa que necesita ser alimentada. Mientras mejor hables de los demás, mejor el mundo hablará de ti.

Vive sin Codicia

"Eviten con gran cuidado toda clase de codicia, porque aunque uno lo tenga todo, no son sus posesiones las que le dan la vida."
(LUCAS 12,15)

La humanidad se ha perdido dentro de un laberinto de ideas, pensamientos, creencias y divisiones. La codicia ha sido una arma para discriminar, asesinar y alejarse de Dios. Todo lo que tenga un valor material hace que el ser humano se obsesione, se ciegue y con tal de conseguir lo material, rompe toda regla de justicia y de amor.

La codicia provoca necedad y egoísmo. Por lo regular las personas que sólo viven pensando en lo material, son personas que no tuvieron nada en su pasado, o sus padres los acostumbraron a lo material desde niños.

La codicia proviene del miedo. Al no tener contacto la mente con su alma el miedo y la confusión provocan la codicia. Es ahí donde una persona con tanto dinero o cosas materiales, puede llegar a tener una profunda miseria espiritual.

Todas aquellas cosas materiales que persigas tienen que ser observadas por tu espíritu. De esta manera podrás disfrutar lo que hay en este mundo sin depender de el. Recuerda que lo más importante en esta vida es tu riqueza interna, tus valores, tu paz y tu salud. El amor nos enseña a ver la vida sin codicia y sin egoísmos.

Vive con Humildad y Sencillez

"¿Por qué se preocupan tanto por la ropa? Miren como crecen las flores del campo, y no trabajan ni tejen. Pero yo les digo que ni Salomón, con todo su lujo, se pudo vestir como una de ellas."
(MATEO 6,28-29)

La vida y el amor son simples. La complejidad es provocada por tu mente cuando se confunde. Al no reconocer los valores de la existencia caes en una interpretación equivocada que te lleva a actuar con mucho caos, desorden, complejidad. La vida es simple, la sabiduría es simple. Se simple y verás que todo está bien.

Perdemos el enfoque de lo divino cuando das demasiada importancia a las cosas materiales. No puedes servir a dos amos en tu mente: o sirves a Dios trabajando las cosas de tu espíritu, o sirves al mundo pensando en lo externo.

No atesores cosas en este mundo material. Muchas cosas hay en tu casa que no usas y que sólo van quitando espacios. Libros, muebles, juguetes, ropa, revistas, vídeos, aparatos eléctricos etc. Muchas de estas cosas fueron adquiridas por una necesidad y de alguna manera funcionaron; pero al dejar de usarlas pierden su razón de estar en el presente y se convierten en objetos innecesarios creando tu espacio vital en una bodega o museo. Tu espacio es sagrado; todas las cosas materiales deben tener una actividad y esta actividad tiene que ser positiva. Todo objeto que contenga una información negativa perjudica tu vida. Videos, audios, revistas, libros, fotos que contengan mensajes sin amor remuévelos de tu espacio, de tu templo. Si no puedes deshacerte de ellos es porque hay algo dentro de ti que los justifica. Y ese algo es negativo.

Dale espacio a lo necesario y te darás cuenta de que no necesitas tanto de afuera. Atesora todo lo que quieras en tu interior con ideas, pensamientos, sentimientos positivos. Tienes un espacio infinito dentro de ti. Amuebla con amor tu mente y tu corazón y sincronizarás tu adentro con lo de afuera. Vienes a la vida para ser útil en el amor. Cuando te estancas en lo negativo tu vida se vuelve inútil y tu cuerpo también.

Es preciso ser humildes para aceptar las enseñanzas divinas; es preciso ser humildes para que la Gracia Divina pueda actuar en nosotros, transformar nuestra vida y producir los frutos del bien. La elevación del alma se efectúa a través del conocimiento del Señor y de sus caminos. Tenemos que aprender a vivir conforme a la voluntad de Dios. Para llevar una vida de humildad se requiere de un esfuerzo interno que te lleve a descubrir y convencerte de que todo lo que Dios quiere para ti es bueno.

**"En tu verdad guía mis pasos, instrúyeme, tú
que eres mi Dios y mi Salvador."**

(SALMOS 24, 5)

CAPÍTULO 24

Vive para Dar

> **"Todo lo que ustedes desearían de los demás, háganlo
> con ellos: ahí está toda la Ley y los Profetas."**
> **(MATEO, 7-12)**

Dar, es la consecuencia de vivir en la abundancia. El dar es un acto de amor no de sacrificio. Es un acto divino que viene de la abundancia que hay en tu interior. Si tienes que hacer algo que no te guste (sólo porque hay un deber que te lo impone) estarás perdiendo el valor amoroso de dar, y vivirás condenado haciendo lo que no quieres. El darte de manera forzada y obligada, te hace vivir con sentimientos de carencia, no de abundancia. Y tu consecuencia será el resentimiento y la amargura. Si decides hacer algo que no te gusta tendrás que aceptarlo y convertirlo a una experiencia amorosa. Para revertir esa situación no deseada tendrás que pasar por un proceso de convencimiento y renuncia para colocarte en un estado de amor ante aquello que sacrificabas.

Dar es vivir. Es parte de la abundancia que has heredado desde que naciste. En este acto amoroso se revela Dios en Ti.

Cuando vives en abundancia tu primera reacción es ofrecer, compartir lo que tienes a los demás. Vivir en abundancia es cómo ser un océano ilimitado que no se conforma con tener para si; sino que se entrega a todos, vertiéndose en ríos, mares y ofreciéndose al sol para fecundar las nubes del cielo.

No es la cantidad de lo que das lo que beneficia a los demás. Sino cómo lo das. Si das con amor, aunque sea una sonrisa, esa sonrisa valdrá todo el dinero que hay en el mundo. Toma una pausa y reflexiona. Trata de recordar a uno de tus maestros de infancia. Piensa en uno que te haya tratado bien. Quizás no te recuerdes de lo que te enseñó, pero tal vez si recuerdes la manera que te trató. Tal vez te dio su cariño y fue amable contigo. La manera que te dan las cosas es lo que cuenta. Dar con amor es dar lo mejor de ti. Y cuando se realiza esta acción es porque antes ya te habías dado a ti. Si, en realidad uno no puede dar lo que no se ha dado. ¿Cómo puedes amar sino te amas? Para dar es necesario tenerlo, manifestarlo dentro de ti. Llena tu corazón antes de dar y verás que todo se vuelve maravilloso y lleno de prosperidad.

Para recibir hay que dar. Pero, ¿cómo vas a dar algo que no tienes? El dar comienza con darte a ti mismo. Lo mejor que puedes recibir de esta vida proviene de ti no de las personas que te rodean. Cuando vives cargado de resentimientos tu vida se malgasta y pierdes el tiempo exigiendo cariño, reclamando amor y chantajeando. La negatividad que provoca tu resentimiento, no te hace activar todo el potencial de vida y felicidad que tienes dentro de ti para ti. Es necesario liberar esa enfermedad de odio y reconocer que tu eres el gran abastecedor de tu vida. Dedica tiempo a darte a ti mismo, y eso provocará que tu vida se llene de abundancia y de esta manera podrás compartir esa riqueza con los demás.

A menos que primero te llenes a ti mismo, no tendrás nada que dar a los demás. Por lo tanto es imprescindible que primero cuides de ti. Vela primero por tu felicidad. Se responsable de tu propia felicidad y haz lo que te haga sentirte bien. Sé una persona con la que los demás quieran convivir; sé un ejemplo positivo para todas las personas que te rodean, ya sean adultos o niños. Cuando eres feliz no piensas en lo que vas dar, pues das en abundancia cómo algo natural. El dar tiene que nacer de manera espontánea a través del amor.

> **"Cuando das sin esperar recibir, todo se acomoda perfectamente a los ojos de Dios."**
>
> **HUGO ISAAC**

La mayor sanación en nuestra vida ocurre cuando nos dedicamos a dar con amor. Una vez reconocidos que somos seres divinos hijos de Dios Todopoderoso, la misión en nuestra vida es compartir ese amor con todos los que nos rodean sin discriminar a nadie. En la caridad, en el altruismo, y la humildad reflejamos al Dios vivo que hay en nuestro interior. Busca la manera de dar. Unete a un proyecto para ayudar a los más necesitados. Comparte tus talentos y realiza algo en donde los demás pueden apreciar tus talentos.

> **"Da al que te pida, y al que espera de ti algo prestado, no le vuelvas la espalda."**
> **(MATEO 5,42)**

Vive Positivamente

> **"Todos saben que ustedes están muy abiertos a la fe, y eso me alegra; pero quiero que sean ingeniosos para el bien y firmes contra el mal."**
> **(ROMANOS 16, 19)**

Transforma cada situación de tu vida en una situación positiva. Crea hábitos diarios que provoquen nuevas formas de vida y procura que esos hábitos sean positivos y amorosos. Crea intencionalmente tu vida. Realiza diferentes actividades que logren entusiasmar tu vida.

El proceso de la vida no se detiene, es progresivo. En ese proceso ocurren un sin fin de fenómenos internos. Es un proceso creativo que no para su constante manifestación.

Todas las opciones que tienes en tu vida son infinitas. Por medio del aprendizaje adquirimos la habilidad para influenciar en nuestro mundo inconsciente y de esta manera perfeccionar la vida. Poner en práctica la oración, la observación, la meditación, la reflexión, la visualización, la afirmación, entre otras actividades positivas, te da la posibilidad de acercarte a Dios de manera consciente y profunda. La espiritualidad es la llave que abre todas las puertas internas y te guía a tu encuentro con Dios y su Reino.

Aprende a pedir y a confiar en que Dios te va a dar lo que necesitas. Ten claro lo que necesitas y trabaja con Dios constantemente.

La imagen negativa que tienes de ti no es la imagen real de Dios que hay en ti. Esa imagen negativa es falsa, es una ilusión, una realidad distorsionada por tu mente. La imagen verdadera en ti es la imagen de Dios, y esa nunca podrá ser negativa.

> **"¿De qué le sirve a uno si ha ganado el mundo entero, pero se ha destruido a si mismo?" "¿Qué podría dar para rescatarse a si mismo?"**
> **(MARCOS 8,36)**

Los mensajes negativos te destruyen, los positivos te edifican una morada en dónde habitas con Dios.

Es más fácil destruir que crear. Al parecer, los que gobiernan el mundo se les acabo la paciencia y están desesperados por que la humanidad consuma más; y para lograr ese propósito destruyen todos los valores humanos por medio de una maquinaria social que no sabe de sentimientos y honestidad.

La sociedad te bombardea con mensajes negativos día tras día. Las estaciones de radio y televisión invierten mucho tiempo y dinero transmitiendo mensajes negativos. Lo que más ofrecen son mensajes de violencia, de tragedias, de guerras. Su objetivo es entrar en tu hogar y llenar tu casa de temor, de miedo, y desconfianza. De esta forma ellos logran su propósito material: que gastes tu dinero en comprar seguridad, armas, alimento, medicinas; haciendo de tu vida una preocupación constante. Al enfocar tu vida en lo negativo, lo único que haces más allá de resolver los problemas, es provocarlos con mayor intensidad. Corta esos canales que sólo envenenan tu mente y destruyen tu cuerpo.

La vida es fenomenal, es un viaje estupendo. Hay personas que nos inspiran a vivir por el simple hecho de ver como disfrutan su vida. Es más fácil seguir al lado de una persona positiva que estar junto con alguien que se la pasa quejándose de su vida todo el tiempo.

Una persona negativa sólo puede atraer a otra persona negativa. Si tú estás con alguien que se lamenta es porque también tu quieres lamentarte. El ser positivo te ayuda a sanar tu vida e invitar a otros a sanar la de ellos. Si vives tu vida con pasión encontrarás en tu camino seres apasionados como tú. Todo lo que te rodea se asemeja a ti. Transfórmalo en positivo. Las personas que sientan tu buena vibra no tendrán más que dos opciones: Ser cómo tú o alejarse de tu vida. La felicidad es una opción, depende de ti si la quieres inmediatamente en tu vida.

Entusiasmo, pasión, gozo, son tus parámetros para saber que estas disfrutando tu existencia. Sino estás experimentando estas emociones, quiere decir que estas lejos de disfrutar la vida. Es una señal de emergencia para que actives tu mente y busques regresar al camino de la felicidad.

No permitas que lo de afuera ni lo de adentro contamine tu alma. Enfócate en ser feliz. Elige vivir en el amor y en la esperanza. Deja que Jesús te llene de unción con su presencia. Si te enfocas en las cosas negativas tu cuerpo reflejará esa negatividad. Anímate a vivir plenamente y expresa siempre sentimientos de gratitud. Vive agradecido y todo lo negativo desaparecerá. Jesús está contigo, el nunca te abandonará.

CAPÍTULO 25

Busca la Luz

"Yo soy la luz del mundo. El que me sigue no andará en tinieblas, sino que tendrá la luz de la vida."

(JUAN 8,12)

Vivir en la luz es vivir en la verdad. La luz existe dentro de cada uno. Cuando nos miramos para descubrir quienes somos, nos encontramos con la luz y con Dios a la vez. La luz se revela cuando se ve a través del alma.

Todo esta hecho de luz. Los destellos de belleza y de amor son destellos de luz. Dios es luz. Necesitamos buscar esos destellos para estar conectados de manera permanentemente al Creador.

Conoce tu verdad y descubre el potencial de luz que eres y compártelo con los demás. Confía en tu bondad y abandona la oscuridad.

Adquieres tu luz cuando haces conciencia de esa realidad superior llamada "Reino de Dios". La luz es tu propia conciencia, aquí y ahora. Es la esencia del Todo. Ella te revela los secretos y misterios de tu origen.

Los problemas diarios y los conflictos emocionales hacen que tu vida se oscurezca. Cuando conduces tu vida hacia la luz automáticamente empiezas a abandonar todo tipo de actividad que involucre la violencia y la falta de amor. Tu vida negativa se transforma en positiva.

Al ir hacia la luz te encaminas al encuentro con Dios y tu vida es redimida. Te liberas del dolor y de tus problemas, recuperando tu naturaleza perdida. Te liberas de tu falso yo que se encuentra atrapado por limitaciones físicas y tu yo autentico experimenta lo ilimitado y tu vida se vuelve tan infinita como la luz.

Cuando estás conectado al amor de Dios prácticamente te conviertes en una lámpara luminosa que ilumina en medio de la oscuridad.

"Para mis pasos tu palabra es una lámpara, una luz en mi sendero."
(SALMOS 119,105)

Hay una presencia en ti que es maravillosa, esa presencia eres tú. Una imagen verdadera llena de luz, de amor y belleza. Ve en tu interior y regocíjate de esa presencia amorosa. Si logras penetrar en esa oscuridad y rescatar ese diamante que hay ahí, empezarás a amarte plenamente.

Nada esta lejos de ti, tú eres el que toca la puerta y el que llama. Tu eres el que se mueve en base a la necesidad, luchando por encontrar lo que falta en tu vida.

Hay una voz interior que resuena en tu corazón. Hay un pulso vital que conduce y alienta tu vida. Vuélvete profundo en tu búsqueda, ve mas allá y sigue buscando, de seguro encontrarás algo muy valioso para tu existir.

Toma las riendas de tu vida y conduce tu ser al camino del éxito, al camino de Dios.

Descubre tu naturaleza humana. Explora todo lo que hay en tu interior. No tienes nada que perder y si mucho que ganar. Recuerda que eres el reflejo de Cristo como Cristo lo es de Dios.

No importa lo que suceda afuera. Adentro es donde todo se origina. Busca en tu interior, indaga, averigua, aventura, apasiónate por saber quien eres y al final de tu búsqueda, Dios estará sentado esperándote con los brazos abiertos.

"Nadie enciende una lámpara para taparla con un cajón;
la ponen más bien sobre un candelero, y alumbra a todos
los que están en la casa. Hagan pues, que brille su luz
ante los hombres; que vean estas buenas obras, por ello
den gloria al Padre de ustedes que esta en los cielos."
(MATEO 5, 15-16)

Nuestro objetivo en esta vida es manifestar la luz interior y vivir en estado divino con el Creador.

El origen del mal es la ignorancia. La ignorancia es una falta de luz, es una sombra que no deja ver la belleza del alma. Cuando se vive en la luz el hogar se llena de armonía y el mundo se llena de paz.

Para que la oscuridad desaparezca es necesario llenarla de luz, de amor. Por que el amor es el único que pude vencer al mal.

Los que buscamos la luz, nos enfrentamos a nuestra propia oscuridad heredada de la misma ignorancia ancestral. Los que buscamos la felicidad chocamos con una cultura de miedos, de egos, de mitos, de absurdos y de materialismo.

Sólo Jesús, como hijo de Dios y cómo hombre entre los hombres, demostró a la humanidad que el único propósito verdadero en esta vida es practicar el amor.

Jesús es amor, es el modelo ideal de la manifestación divina en la acción humana. No hay nadie que haya ejemplificado con tanta profundidad el concepto del verdadero amor. Sus enseñanzas, sus milagros y su resurrección mostraron a Dios hecho hombre. No hay duda de que el mensaje que el trajo fue el mensaje de Dios. Su amor es perfecto, es matemático e infalible. No hay nada mundano que pueda contener la esencia de Jesús. Él es ilimitado, y por tal es el maestro, es Dios encarnado. Él está esperando que nosotros nos demos cuenta de que somos como ÉL; ni más ni menos.

Jesús es el camino la verdad y la vida. Jesús es Dios. Jesús nos invita a alcanzar la felicidad en vida y no después de la vida. Tu objetivo es lograr la salvación para vivir en la Gloria de Dios. Pero la salvación empieza aquí, en este momento presente, no cuando mueres.

Jesús quiere que las guerras y los conflictos desaparezcan. Jesús quiere que vivamos en una comunidad basada en la gracia de Dios. Que nuestras vidas se comuniquen a través del amor sin necesidades materiales y que vivamos plenamente en la luz. Jesús es la luz y Él nos invita a vivir en ella.

Jesús pide que aniquilemos nuestros egos para que estemos siempre en espíritu. No te conformes con lo que das o con lo que haces para servir a Dios. Que tu oración sea constante en todo lugar; que tus pensamientos hacia Él, sean permanentes en medio de las rutinas; que tu dar no discrimine a nadie y que el amor de Dios vaya contigo a cualquier lugar.

Date por bien servido cuando bebas de su copa, el sabe que nada impedirá que regreses a Él. Tarde o temprano el que beba de su copa, se dará cuenta de la verdad y dejará de ser imperfecto ya que nunca lo fue. Sólo fue una ilusión provocada por su ignorancia.

Se Perfecto

"Se pues perfecto como tu padre que esta en los cielos es perfecto."
(MATEO 5,48)

Para Él eres un ser extraordinario, no importa lo que haya pasado en tu vida. El quiere que conozcas el regalo-don-gracia-talento que esta en tu interior y es ilimitado. Dios quiere que confíes en ti plenamente y que seas como Él. Que descubras todo lo que hay de Él en ti.

Si caminas con Dios no te faltará nada. Él te alimentará, te arropará, te guiará, te protegerá, te dirigirá y sustentará tu existencia; siempre y cuando se lo permitas. Recuerda que Dios es el progenitor de todo. Esta oculto, pero siempre presente. No sabemos de donde viene pero es el padre de todas las cosas. A través de tus sentimientos Dios revelará tu camino para que te encuentres con Él y lo sigas. Tienes que confiar en Dios y conectarte todos los días con Él para que escuches sus consejos y para que Él te pueda guiar en tu realización.

La Paz es el Camino

"Vuelve la espada a su sitio, pues quien usa
la espada perecerá por la espada."
(MATEO 26,52)

El origen de Dios esta en la quietud, de donde proviene toda la creación. Permanecer en el estado creativo y sencillo de la vida es estar en contacto con la fuente divina en donde el potencial es ilimitado. En estado de calma uno se dispone a fluir con la vida y a dejarse moldear por las fuerzas eternas de Dios.

La paz es el pasaje para llegar a Dios. Es la fórmula milagrosa para la sanación y la solución de todo tipo de problema. La paz se compara con la contemplación en su forma más pura de felicidad y armonía. La paz es la condición natural del río interno de tu vida. Es el flujo puro, natural, espontáneo, que te recorre por dentro cuando no hay murallas ni presas que lo opriman. La paz interior es necesaria para la felicidad. Para alcanzar la paz tienes que sacar toda sobrecarga, todo estrés de tu cuerpo. Tienes que liberar el agua estancada por las ideas que te reprimen, te bloquean. El amor es agua que fluye llevando paz y armonía. Si tapas ese fluído estarás atentando contra esa paz, contra ese amor que Dios te ha regalado.

Cristo, es el Principe de la Paz. ÉL nace una noche de Belén y los ángeles dan el saludo a los pastores: "Paz en la tierra a los hombres de buena voluntad".

Dios por medio de su hijo nos invita a la paz. Jesús es el modelo ideal de la paz y del amor. Por lo tanto, no había en El violencia. Esa paz que el predicó es la misma que tienes que alcanzar y manifestar en tu vida día tras día. Cuando naces en Cristo y lo haces dueño de tu corazón, automáticamente la violencia deja de existir en tus actos, en tus palabras, en tus pensamientos. Es necesario que practiques la paz para que ayudes a la humanidad a vivir en armonía y en equilibrio. Es necesario que renuncies a la violencia.

Renunciar a la violencia depende de un cambio de consciencia. Finalmente si logras cambiar en tu interior, tu realidad lo reflejará. Si respondes con violencia a la violencia, lo único que atraerás sera más violencia.

Observa las relaciones en donde experimentas conflicto. Evita usar menos abuso verbal y evita completamente una agresión física para resolver un conflicto. Bloquea los pensamientos de violencia y maneja las situaciones negativas en estado de paz y amor. Una respuesta violenta a una fuerza violenta traerá como consecuencia una tragedia. Evita el conflicto, busca el diálogo. Aléjate de noticias y programas de televisión que alimenten en ti pensamientos violentos. No invites a la violencia a tu familia a través de películas que promueven la destrucción o el asesinato. No regales violencia a tus hijos en juegos o actividades. Ellos serán el resultado de lo que tú les des.

Observa las canciones, películas, juegos y programas de televisión que presencias cada día. Cuenta el tiempo de atención que dedicas a la violencia a través de ellas. Identifica la violencia en cada una de esas actividades y cambia el canal. Busca programas que contengan mensajes positivos. Si no encuentras programas en tu televisor o radio que fomenten el amor, el aprendizaje, la educación, apaga tu televisor y sal a caminar; busca una biblioteca y escoge leer un libro que te enseñe algo positivo. Poco a poco irás seleccionando mejor tus programas y empezarás a sentir un cambio. Inclusive con tus amistades. Cuando vayas a visitarlas obsérvate cuanto tiempo le dedicas a hablar de chismes, de problemas, de tragedias, de quejas, de juzgar a otros. Y observa cuanto tiempo le dedicas para hablar de cosas positivas. Ve cambiando la plática hacia temas positivos verás que al final de la conversación te sentirás muy bien.

Abandona la violencia y participa en actividades positivas y creativas. Involúcrate en proyectos en donde seas ejemplo en el amor, en el servicio, en la ayuda al prójimo y participa en solucionar los problemas del mundo de manera pacifista y armoniosa.

No presumas o hagas escándalo de las noticias que llevan violencia o muerte. En vez de eso, celebra la vida y el amor.

Es necesario que construyas y reconstruyas la paz en ti y con los demás. La reconciliación con Dios y con tus semejantes hace que reintegres la paz a tu espíritu. Vive en paz y no habrá en ti divisiones, ni odios ideológicos. Porque cuando vives en paz vives en Cristo. Promueve la paz en todo lugar, no la limites. Jesucristo no se limitó para entregarte su paz. Tú eres el mensajero del evangelio de la paz, tu compromiso es promover las obras de paz a través de tus palabras y gestos. A través de ejemplos y actos llenos de paz que ofreces al mundo, es como Dios se alegra de ti. El Señor es el Dios de la Paz, el Dios de la Alianza con el hombre. Haz la paz con tu familia, en tus relaciones con los que tienes cerca, con tus compañeros de trabajo, en tu relación con la sociedad en su conjunto. Pero sobre todo haz la paz con Dios.

Para lograr la paz interior dependes sólo de ti. Nada del exterior determinan tu estado mental ya que el que decide eres tú.

"Procuren estar en paz con todos y progresen en la santidad, pues sin ella nadie verá al Señor."
(HEBREOS 12,14)

Elimina tu Estrés

"Vengan a mi los que van cansados, llevando pesadas cargas, y yo los aliviaré. Carguen con mi yugo y aprendan de mí, que soy paciente y humilde de corazón, y sus almas encontrarán descanso. Pues mi yugo es suave y mi carga liviana."
(MATEO 11: 28-30)

El estrés es la causa más importante de las enfermedades. Como puede ocasionarte una simple alergia podría provocarte un cáncer. Una mente saturada de presiones mundanas, de miedos y preocupaciones hace que el cuerpo se envenene perdiendo su salud natural.

Las emociones fluyen en nuestro cuerpo de manera funcional. El flujo normal de la emoción se sobrecarga cuando sucede una reacción química en el organismo producto de una situación que rompe el equilibrio físico, mental y emocional. Es así como el estrés surge como una forma de reparación para tu cuerpo. Pero toda esta situación estresante pone en riesgo la salud y las relaciones humanas.

Una experiencia que provoque mucha alegría puede ocasionar estrés ya que la alegría en si, es una producción de energía extra que el cuerpo no puede almacenar. Es necesaria e indispensable la alegría para nuestra vida pero se requiere manejar la emoción, no contenerla. La emoción es manejada por la mente. La mente genera ideas, conceptos, programaciones, interpretaciones, realidades. La solución al estrés no es escapar de una situación que rompa nuestra armonía. Tenemos que aprender a manejar el estrés y liberarlo de nuestro sistema. Una vez aprendido el procedimiento de liberación podemos vivir con mayor estabilidad.

El estrés puede surgir de un pensamiento negativo. Un pensamiento que unido a otros pensamientos negativos llegan a manifestar un estrés. El efecto es el estrés, pero la causa ha sido el pensamiento negativo. Nuestro sistema inmunológico crea la enfermedad para combatir esa inestabilidad alertándonos y sugiriéndonos un cambio de conducta que nos regrese a la armonía, la estabilidad, a la paz y al amor. En cambio, un pensamiento positivo puede ser más efectivo que una píldora o una inyección. El estrés cuando es producido por una situación positiva de alegría y gozo, puede ser manejado y liberado por medio de la contemplación, la oración y el agradecimiento a Dios. Cuando el estrés es provocado por algo negativo, se sugiere liberar toda emoción que la experiencia haya provocado, y posteriormente eliminarla con el ejercicio del perdón y del agradecimiento.

El estrés puede ser eliminado si llevamos acabo el proceso de dejar ir los pensamientos negativos para que podemos regresar al estado de salud natural del cual venimos.

Ejercicio

Colócate en una posición cómoda en donde tu cuerpo no tenga tensión alguna. Puedes recostarte en el suelo o estar sentado

en una silla o sofá. Cierra tus ojos y pon tu mente en blanco. Imagina el rostro de Jesús en tu oscuridad. No pienses en nada, sólo concéntrate en tu respiración y en el rostro del Señor. Ahora, respira profundamente hasta llenar completamente de oxigeno tus pulmones. Respira y una vez que hayas llenado de oxigeno tus pulmones, contén la respiración por 4 segundos y después déjala salir muy lentamente por tu boca. Hazlo muy despacio, sin prisa. Haz que el oxigeno entre despacio y que salga el aire despacio. Hazlo diez veces.

Respira, respira, respira hondo. El oxigeno es importante para llenar nuestro cuerpo de salud y relajación. Déjate llevar por la simple idea que Jesús esta contigo en este proceso. Imagina que el oxigeno que entra en tus pulmones es el aliento de Dios. El aliento del Espíritu que da vida y sanación. Una vez terminado tus respiraciones profundas repite en tu mente diez veces de manera lenta y amorosa. "Todo esta bien en mi vida" y al final de tus repeticiones termina diciendo:

ORACIÓN

"Gracias Jesús mío
por devolverme la paz a mi cuerpo,
a mi mente y a mi alma.
Dios me bendice. Amén"

Con este simple ejercicio de respiración empezarás a eliminar el estrés de tu vida. Practícalo en la mañana al despertar, al mediodía y antes de acostarte. Verás cambios en tu vida de manera simple y milagrosa.

Contempla y Medita

"¿Podrás tú descubrir las profundidades de Dios;
podrás descubrir los límites del Todopoderoso?"
(JOB 11,7)

Contemplar, es un acto de observación y reflexión. Es un momento íntimo con Dios para que valorar tu vida. Es pensar profundamente y en silencio acerca de todo lo que acontece en tu existencia. Cuando se medita, se busca primero la luz interior apartando la mente del exterior. Al meditar, dejas que la voz de Dios surja de tu paz interior.

Una forma de dominar tu mente es aprender a acallarla. Jesús oraba y meditaba diariamente. La meditación silencia la mente, te ayuda a controlar tus pensamientos y revitaliza tu cuerpo. La gran noticia es que no es necesario que medites durante horas. Para empezar basta con tres o diez minutos, y eso te conferirá un enorme control sobre tus pensamientos. Medita para que tu hambre y sed de Cristo abra tu conciencia y puedas examinarla.

"¡Cuánto amo Tu ley! Todo el día es ella mi meditación."
(SALMOS 119,97)

Escucha a Dios

"Si uno escucha estas palabras mías y las pone en práctica, dirán de él: aquí tienen al hombre sabio y prudente que edificó su casa sobre roca. Cayó la lluvia, se desbordaron los ríos, soplaron los vientos y se arrojaron contra aquella casa pero la casa no se derrumbó, porque tenía los cimientos sobre una roca."
(MATEO 7,24)

¿Cuantas veces no te ha pasado, que una persona te está hablando y tu mente esta distraída pensando en otra cosa? o ¿cuantas veces haz estado pretendiendo escuchar a la persona que te habla mientras que tu estás preparando mentalmente lo que le vas a refutar o argumentar? En la relación con Dios pasa lo mismo, a veces hacemos como que lo estamos escuchando pero en realidad no lo escuchamos. Los sentidos se obstruyen o se contaminan cuando en el recorrer de la vida vamos acumulando experiencias negativas y dolorosas. Dejamos de escuchar como defensa a todo aquello que nos lástima pero al mismo tiempo también dejamos de escuchar las cosas buenas que las personas nos transmiten. El no saber escuchar provoca que la comunicación con Dios se pierda, perdiendo al mismo tiempo la oportunidad de entender el misterio de la vida. Al no escuchar a Dios se reducen las posibilidades de descubrir la sabiduría que hay dentro de ti.

Todo proceso curativo es un proceso de aprendizaje que requiere la participación de todos tus sentidos. Requiere de una apertura total para captar la realidad que justifica y le da valor a la enfermedad. El saber escuchar es muy importante en la sanación. Cuando una persona enferma no quiere escuchar es porque se esta aferrando a la realidad que lo mantiene enfermo. Su ego se niega a entender o razonar el porque de la enfermedad y se niega a negociar para lograr la cura. No acepta una nueva información ya que emocionalmente esta cerrado a esa alternativa. Por lo tanto Dios no puede ayudarte a sanar si no le abres la puerta. Si sigues pensado que no lo necesitas, seguirás sumido en la limitación y en la enfermedad. Aprende escuchar el mensaje de Dios. Si en verdad escuchas a Dios podrás rescatar la condición divina por la cual viniste al mundo; y tu entendimiento se situará en el plano superior en donde la presencia de Dios, en tu vida, será permanente.

Ejercicio

Busca un lugar donde nadie pueda interrumpir tu silencio. Quédate un momento en silencio. Haz a un lado todo pensamiento de preocupación. No pienses en el pasado ni en el futuro. No pienses en nada. Ponte en silencio por cinco minutos. Pídele a Dios que te hable en tus pensamientos. Y sigue tu en silencio. Dios te va hablar. En algún momento, distinguirás un pensamiento que no es el tuyo sino de Dios. Cuando identifiques a Dios en tus pensamientos, escúchalo. Aprende a escuchar y no pienses cuando escuches. El primer paso en el escuchar, es entender el mensaje que oyes sin defenderte o distraerte. Después de haber escuchado y entendido el mensaje, puedes discernir y sacar tus conclusiones. Procura que tu discernimiento este basado en el amor y no en el egoísmo. El escuchar a Dios te dará sabiduría y prudencia; y de esta manera, tu casa que es tu mente, estará edificada sobre la roca divina y ninguna tormenta podrá destruirla. Termina tu silencio y tu conversación con Dios agradeciendo con tus propias palabras. Practica este ejercicio una vez al Día. Dios te va hablar cada día y tu lo escucharás mejor.

Ponte en Oración

"El fruto del silencio es la oración. El fruto de la oración es la fe. El fruto de la fe es el amor. El fruto del amor es el servicio. El fruto del servicio es la paz."

Madre Teresa de Calcuta

El mundo contiene el pensamiento colectivo de la humanidad. Este planeta es afectado por pensamientos positivos y negativos. El mundo muere o revive dependiendo que tanto nosotros, lo amamos o lo destruimos. Pensar en colectivo a nivel universal, te provocará una conciencia elevada para accionar con amor en la salvación de este entorno terrenal. Dios espera de nosotros lo mejor no lo peor.

La oración es una conversación con Dios. En el silencio de la oración se realiza el encuentro con Dios. Al orar, manifestamos la luz y en ella nos hacemos presentes en lo eterno. Es enfocar todos tus sentidos y establecer un diálogo con el Creador. Por medio de la oración fortalecemos nuestra identidad divina y todas las cualidades positivas emergen de nuestro interior. La oración correcta no es de súplica, sino de agradecimiento y petición. Si antes de pedir agradecemos, recibiremos la riqueza espiritual.

La oración es una forma de pensamiento activo que proyecta amor al universo afectándolo. Es una afirmación, un sentimiento, un pensamiento creativo que se reafirma en la experiencia. Basta con cerrar tus ojos y enfocar en tu interior a Dios, para poder comunicarte con Él. La oración es un estado de silencio activo donde nuestras almas conviven en armonía con Dios.

Por medio de la oración nuestra mente y nuestro corazón se comunican con Dios y en este diálogo se despejan las dudas, la oscuridad desaparece, y elevamos nuestra consciencia revelando a Dios en nuestra vida. Ninguna oración queda sin respuesta. Toda oración queda contestada. La voluntad de Dios se sincroniza con nuestra voluntad y la respuesta a veces supera el entendimiento y sólo a través de la oración profunda revelaremos la verdad.

Halla tu verdad a través del ejercicio más poderoso que tenemos para conectarnos con la fuente del Creador. Cuando ores procura estar en un lugar apartado y en silencio. Es importante la intimidad de tu oración. Tus pensamientos se tienen que aislar del exterior y enfocarse en tu conversación con Dios. El orar te llevará a una profunda meditación y encontrarás paz interna.

Practica la oración continuamente, en cada momento y situación. Procura que tu oración lleve mensajes de amor, de perdón, de paz y de agradecimiento. Dios sabe de ti a cada segundo, a cada latido de tu corazón. Dios esta presente en tu vida.

Se honesto en tu oración, en tu conversación con Dios. Pon tu corazón en cada palabra que surja en tu oración. No necesitas memorizar palabras, deja que la oración sea una conversación espontánea y sincera. A Dios le basta con tus propias palabras.

Alza tu voz interior para que las montañas hagan eco y el Universo retumbe con el sonido maravilloso de tu alma. Crea frases cortas para que las repitas en silencio y recuerdes que estas enfocado a una realidad única y divina. Ofrece una oración como ésta:

ORACIÓN

"**Espíritu Santo, tú que me aclaras todo,**
Tú que iluminas todos los caminos;
Tú que me das el Don Divino de perdonar y
olvidar el mal que me hacen,
y que en todos los instantes de mi vida estás conmigo.
Yo quiero agradecerte por todo y confirmar una vez más,
qué nunca quiero separarme de ti,
por mayor que sea
la ilusión y el engaño material que intenta alejarme de ti;
Deseo estar contigo y estar en tu Gloria eterna.
Gracias por tu infinita misericordia para conmigo y los míos.
Amen."

Alaba a Dios y Bendice

"**No devuelvan mal por mal ni insulto por insulto;**
más bien bendigan, pues para esto han sido llamados;
y de este modo recibirán bendición."

(1 PEDRO 3.9)

Cuando alabas a Dios estas llenando de amor tu vida. Dios es tan bondadoso contigo y cuando lo alabas el sabe que lo necesitas, lo reconoces y lo haces parte de tu vida. Tu adoración es un fluir espontáneo de gozo en respuesta a las bendiciones que recibes de parte de ÉL. Cuando bendices todo lo que te rodea estas invocando a Dios para que su amor se manifieste en tu mundo físico.

Alabar y bendecir disuelve toda la negatividad. Alaba al Señor y bendice a todos incluyendo a tus enemigos. Si maldices a tus enemigos, esa maldición volverá a ti y te perjudicará. Si bendices, disuelves toda la negatividad y discordia haciendo que la bendición vuelva a ti.

Contempla las cosas bellas que te rodean, bendícelas. Cuando bendices te estas conectando con el amor de Dios. La bendición contiene un poder maravilloso por medio del cual podemos recibir riqueza, salud y felicidad. El que bendice esta invocando el favor divino para pedir bienestar y prosperidad. Bendice tu vida y la vida de los que te rodean. Bendice los animales, las plantas las cosas. Por medio de la bendición estamos generando salud en nosotros y en los demás. Estas ofreciendo el regalo más grande que tu existencia puede dar y por tal motivo tu vida recibirá mucho más.

CAPÍTULO 26

Eres Misionero

"El Hijo del Hombre no vino para ser servido, sino para servir y para dar Su vida en rescate por muchos."
(MATEO 20,28)

Todo ser humano que reconoce al Dios de amor, tiene que aceptar que el único propósito que se tiene en esta vida es amar. Y que la única manera que se puede manifestar ese amor es cuando se da a los demás. Todo discípulo de Cristo, desde el bautizo, ha sellado su vida en ÉL y eso lo convierte en un misionero del amor. Como comunidad global somos responsables de lo que sucede en en la sociedad. Tenemos que estar conscientes de que nuestro amor puede afectar para bien una sociedad y generar verdaderos cambios de salvación para una mejor vida.

Somos misioneros al servicio de Cristo. Tenemos que convertirnos, imitarlo y honrarlo con una vida de servicio que plasme la grandeza del Reino de Dios. Somos seres destinados a la excelencia divina. No desperdicies tu talento. Ese imenso potencial que tienes ponlo al servicio de la humanidad.

Jesús quiere que llevemos a cabo su plan de Salvación. El quiere que nos demos cuenta de nuestra capacidad y de nuestros talentos divinos. ÉL nos motiva a que pongamos nuestros talentos en acción continuamente sin cesar. Muchas personas han dejado enterrado sus ilusiones, sus sueños, su misión verdadera en la vida. La práctica de un amor desinteresado te hará volver al propósito de la vida.

Manténte despierto, se vigilante y ponte alerta. Observa lo que sucede en el mundo y preparate. Abre caminos para el Señor, caminos rectos, caminos amorosos. No mires mal, no juzgues, no temas, ni te debilites por aquellos que se alejan de la casa de Dios. Ocúpate de llenarte de amor y luz para alimentar a los necesitados y se vencedor de tus propios males ya que el Reino de Dios no se mide en la cantidad sino en la calidad individual de cada uno de su hijos. Recuerda que cada persona vive una experiencia particular pero al final es una experiencia colectiva.

No te decepciones ni maldigas a los que obran mal. Alaba a Dios. Haz que tus acciones triunfen para la Gloria de Dios.

Se misionero y lleva el mensaje de amor a los hogares. Empezando por tus familiares y amigos, continuando con tus enemigos.

"Al que te golpee en una mejilla, preséntale también la otra mejilla."
(LUCAS 6,29)

En otras palabras no contestes con violencia a lo violento. Sólo dedícate al amor. Allá afuera hay muchas personas necesitadas de Dios pero están alejadas de Él porque en el interior de ellos existen complejos, ignorancia, abandono, resentimiento, timidez. Esas personas necesitan de ti y del mensaje que tienes de Dios para ellos. Tú puedes ayudarlos a estar con Dios. Invita a los demás a que conozcan de Jesús. Promueve tu fe y compártela con los demás. La mejor manera de compartir es a través del amor. El amor es universal. Hablar de Jesús es hablar de amor y es el mejor tema para convivir con nuestros semejantes. Hay personas que quizás no están listas para escuchar de Dios, pero si están necesitadas de ÉL. Ofrece tus oraciones para que puedan algún día acercarse a Cristo nuestro Señor.

"Mi amparo, mi refugio, mi Dios, en quien yo pongo mi confianza.
Él te librará del lazo del cazador y del azote de la desgracia; te cubrirá
con sus plumas y hallarás bajo sus alas un refugio. No temerás
los miedos de la noche, ni la flecha disparada de día, ni la peste
que avanza en las tinieblas, ni la plaga que azota a pleno sol."
(SALMOS 91)

NOTA FINAL

Hemos llegado al final de esta aventura de Amor. Dios nos volverá a poner juntos en el camino. De eso estoy seguro. Vuelvo al camino para seguir llevando las bendiciones de Cristo a todo su pueblo. Hay mucho que compartir contigo. Espero regresar pronto para que leas algo nuevo de mi vida misionera. No olvides que hay mucha necesidad y se necesitan más misioneros en este mundo. La esperanza, el amor y la fe se requieren urgentemente para ayudar a nuestra humanidad. Ojalá estas páginas hayan logrado su objetivo: el de reconocer que somos amor y nuestro único propósito en esta vida es compartir ese amor del cual venimos y algún día regresaremos. Bendiciones.

ORACIÓN FINAL

**"Dios mío, bendice los ojos y las almas
que se acercaron a este libro.
Llénalos de ti Señor;
y ayúdalas a sanar.
Ayúdalas para que sean felices con sus familias.
Jesús mío, ilumina nuestro camino
en este valle de sombras,
para que nuestras vidas amorosas
se manifiesten en nuestro andar
y al final de este laberinto,
nos encontremos contigo
para vivir a tu lado
llenos de gozo.
Amén."**